PLATON

Prix 0. 75

MÉNEXÈNE

HACHETTE ET Cie

PLATON

—

MÉNEXÈNE

A LA MÊME LIBRAIRIE

Platon. *Ménexène*, expliqué par deux traductions françaises, l'une littérale et *juxtalinéaire*, par M. Constans, professeur de seconde au lycée de Rodez, l'autre correcte et précédée du texte grec, par M. J. Luchaire, ancien élève de l'Ecole Normale supérieure, agrégé de grammaire. Un vol. in-16, broché. 1 fr. 50

—— *Extraits.* Texte grec, publié et annoté conformément au programme du 6 août 1895, par M. Dalmeyda, professeur ou lycée Michelet, 2e édition. Un vol. petit in-16, cart. 2 fr. 50

—— *Le même ouvrage*, traduction française sans le texte, par M. Dalmeyda. Un vol. petit in-16, broché. 2 fr.

38359. — Imprimerie Lahure, rue de Fleurus, 9, à Paris.

PLATON

MÉNEXÈNE

OU ORAISON FUNÈBRE

TEXTE GREC

PUBLIÉ AVEC UNE NOTICE, DES NOTES CRITIQUES

ET DES NOTES

PAR

J. LUCHAIRE

Ancien élève de l'École Normale supérieure
Agrégé de grammaire

---　✳　---

PARIS

LIBRAIRIE HACHETTE ET Cie

79, BOULEVARD SAINT-GERMAIN, 79

1899

PRÉFACE

Le *Ménexène* est, avec l'*Ion*, le premier texte de Platon que les élèves des lycées soient appelés à expliquer. On a donc cru devoir mettre en tête de cette édition une courte notice générale sur la vie et les œuvres de Platon, en se bornant aux notions indispensables pour la complète intelligence de ce dialogue. Quant au commentaire, on a pensé que, destiné à des élèves de seconde, il devait être surtout grammatical; de nombreux renvois à l'excellente grammaire de MM. Croiset et Petitjean feront de la lecture de ce texte une étude grammaticale; et si l'on a relevé avec soin toutes les particularités de syntaxe qu'ils peuvent ignorer, on n'a pas craint non plus de leur faire remarquer en passant les applications des règles générales qu'ils sont censés connaître.

On s'est beaucoup servi de l'édition de Stallbaum, et de l'édition plus récente de P. Couvreur.

On doit beaucoup aussi à l'obligeante érudition de M. Desrousseaux.

Le texte suivi est celui de Schanz, sauf quelques modifications, d'ailleurs adoptées par d'autres éditeurs.

NOTICE

Platon est né en 428, dans l'une des plus grandes familles d'Athènes. A vingt ans, il se fit disciple de Socrate, et le resta jusqu'à la mort du maître, en 399. L'influence subie fut profonde, et la doctrine de Platon semble n'être que la continuation et l'achèvement de la doctrine socratique. Platon déclara toujours très haut cette étroite parenté, puisque dans presque tous ses ouvrages, rédigés sous forme de dialogues, l'interlocuteur principal, celui qui exprime les idées de l'auteur, n'est autre que Socrate lui-même. Cette forme du dialogue permet à Platon de répandre dans ses déductions philosophiques le même charme qui donnait tant de prix à la conversation de Socrate, l'enjouement et l'ironie. Non seulement il exprime, par la bouche des différents personnages, les idées les plus opposées; mais lorsqu'il fait parler Socrate, il enveloppe souvent sa pensée dans des phrases imagées, ou plaisantes, de sorte que souvent elle est moins exprimée que sous-entendue et sug-

gérée. Nous verrons que notre Dialogue est un frap-
pant exemple de ce procédé.

La doctrine de Platon comprend une métaphysique,
une morale, une politique. Cette dernière partie seule
nous intéresse directement, puisque le *Ménexène* est
un dialogue politique. Mais comme toutes les parties
de cette doctrine sont étroitement unies, il est bon de
savoir que Platon découvre, sous les apparences des
choses, des réalités supérieures, qu'il appelle les
Idées. Ces Idées, exprimant l'essence des choses, ont
pour origine commune une Idée suprême, qui les
enveloppe toutes, l'Idée du Bien. Ainsi tout l'univers
est comme orienté vers le Bien, qui est l'universelle
harmonie. Le bien consiste alors pour l'homme à
connaître autant que possible cette vérité suprême,
et à y conformer sa vie, en établissant l'harmonie
entre les trois parties de son âme : la raison, νοῦς,
le cœur et le sentiment, θυμός, et la sensualité, ἐπιθυμία : le νοῦς doit contenir le θυμός et se servir de
lui pour contenir l'ἐπιθυμία. Cette harmonie se trouve
être à la fois la vertu et le bonheur. De la même
façon, les individus qui composent la cité doivent
être disciplinés de manière à contribuer à une harmonie supérieure à eux-mêmes : l'État. A l'ἐπιθυμία
répond dans la cité la classe des artisans et des
laboureurs, qui travaillent à la satisfaction des besoins
matériels; au θυμός, la classe des guerriers chargés de
la défendre; au νοῦς, la classe des philosophes, qui
ont réfléchi à l'essence des choses, connaissent la

vérité suprême, et sont par conséquent les seuls
capables de procurer cette harmonie de l'État et d'y
présider : à ceux-là seuls doit être confié le gouvernement. C'est ce que Platon, se servant d'un mot
employé ordinairement dans un autre sens, appelle
l'ἀριστοκρατία, c'est-à-dire le gouvernement des meilleurs. Tel il voudrait que fût le gouvernement
d'Athènes.

Car Platon a cherché, pendant une partie de sa
vie, à faire appliquer ses théories. Il dut voir bientôt
que ce n'était pas la démocratie athénienne qui le
lui permettrait : n'était-ce pas elle qui faisait mourir
Socrate et, sous les yeux de Platon, s'agitait vaine-
ment de révolution en révolution ? Aussi la méprisait-
il fort, et il a fait d'elle, au VIIIe livre de la République, une mordante satire. Après la condamnation
de son maître, il quitta sa patrie et entreprit un long
voyage en Afrique et en Asie, puis en Sicile, où l'ini-
mitié du tyran Denys de Syracuse, inquiet sans doute
des hardiesses philosophiques de son hôte, faillit lui
coûter la vie. Revenu à Athènes, il ouvrit une école,
célèbre sous le nom d'Académie; mais la république
athénienne tenait toujours en suspicion le disciple de
Socrate. Enfin, croyant trouver en Denys le Jeune un
adepte, il repartit pour Syracuse; mais ses illusions
furent bientôt dissipées, il excita la colère du tyran,
et pour la seconde fois ses jours furent en péril.
Revenu dans sa patrie, il se résigna à passer ses der-

nières années (361-348) à l'écart de la vie active,
dans la pure spéculation.

Ce court exposé nous aidera à comprendre la signification et la portée du *Ménexène*. Au début du dialogue, Socrate rencontre Ménexène, et lie conversation
avec lui. Ce Ménexène était un des plus jeunes dis-
ciples de Socrate. Issu d'une grande famille d'Athènes,
il avait reçu une excellente éducation, mais l'influence
des sophistes, ses maîtres, avait fait de lui un discu-
teur brillant et subtil. Socrate se moquait de lui
volontiers. Car Socrate n'aimait pas les sophistes; il
leur reprochait de mettre tout leur art dans les raisonnements et les mots, sans se soucier de la vérité;
il se plaisait à dévoiler leurs contradictions et leurs
supercheries. Mais leur art était séduisant, et d'un
grand effet dans les débats politiques; la plupart
des politiciens de l'époque puisaient leur éloquence
dans les leçons des sophistes, qui leur donnaient
les moyens de convaincre, même quand leur cause
était mauvaise; on s'habituait ainsi à tromper le
peuple, par des raisonnements captieux et surtout
d'adroites flatteries. De tels procédés indignaient Platon, qui aurait voulu, loin de flatter les passions du
peuple, qu'on lui montrât au contraire, fût-ce par de
rudes paroles, le chemin de la justice et de la vertu.

Ménexène arrive du Sénat, très préoccupé du choix
qu'on va faire d'un orateur, qui doit prononcer un
discours sur la tombe des Athéniens tués pendant
la dernière guerre. Il se montre, en véritable Athé-

nien, ardent et naïf admirateur de beaux discours.
Mais Socrate, en quelques mots railleurs, arrête son
élan enthousiaste : ce n'est pas si difficile de faire
une oraison funèbre; vous n'avez qu'à glorifier, sans
vous inquiéter si les louanges sont vraies, et les
morts dont il est question, et surtout leurs parents
qui vous écoutent.

L'usage de faire aux citoyens morts pour la patrie
des funérailles solennelles accompagnées de discours
était assez ancien à Athènes; les uns en attribuaient
l'institution à Solon, d'autres disaient qu'il avait
commencé après la première guerre Médique. Les
Athéniens en étaient très fiers; ils se vantaient d'être
les seuls à le pratiquer. Il acquit une importance
extraordinaire à l'époque de la guerre du Péloponnèse, grâce à l'exemple donné par Périclès, dont le
discours célèbre, transcrit par Thucydide, resta
comme le modèle du genre. Ce modèle fut indéfini-
ment imité; tout orateur ou professeur d'éloquence
voulut faire son oraison funèbre, qu'elle dût ou non
être prononcée. Il nous reste des fragments de celle
du rhéteur Gorgias. Lorsqu'il composa le *Ménexène*,
Platon a songé certainement à ces deux discours,
mais il est probable qu'il a songé aussi à plusieurs
autres, qui ne nous sont pas parvenus; aussi, à côté
des passages dont nous pouvons saisir l'intention
satirique, il doit en être d'autres où elle nous
échappe. Assurément Socrate ne s'avançait pas trop,
en répondant à Ménexène qu'il n'était pas d'orateur

qui n'eût en réserve une oraison funèbre toute prête.
Et c'est sans hésitation que, sur la demande de
Ménexène, il se déclare capable de débiter la sienne,
tout comme un autre. Seulement, par un raffinement
d'ironie, il avoue que ce n'est pas lui qui l'a composée, mais une femme, Aspasie, celle même qui a
inspiré le discours de Périclès.

L'ironie est double. Car, d'une part, en laissant
entendre qu'une femme, même aussi intelligente
qu'Aspasie, est capable de composer, non pas un,
mais plusieurs discours funèbres, Socrate, surtout
pour des esprits grecs, rabaisse singulièrement la
dignité de ce genre d'éloquence. Et, d'autre part,
s'il avoue aussi sincèrement que son discours est fait
comme avec les restes de celui de Périclès, c'est
moins par modestie que pour se moquer par là des
successeurs de Périclès, qui n'avaient fait que lo
copier. Et nous sommes par là bien avertis de la
signification et de la valeur du discours que Socrate
va réciter : ce discours n'est pas de lui, il n'est ni
de sa pensée ni de son style, c'est un pastiche. Que
Platon se soit amusé à faire un tel pastiche, cela ne
doit pas nous étonner; les courtes dimensions de cet
écrit empêchent la plaisanterie d'y devenir fasti-
dieuse; et l'on s'explique que Platon, après avoir
souvent attaqué les sophistes sur le terrain de la
morale, ait voulu critiquer aussi leurs procédés littéraires. Il aurait pu s'y prendre d'autre manière, en
opposant aux productions ordinaires des sophistes

un modèle selon son goût. N'a-t-on pas prétendu que le *Ménexène* était précisément ce modèle? Les critiques anciens ont commis cette erreur, et pendant longtemps les modernes les ont suivis. D'autres, par une erreur contraire, ont contesté l'authenticité du *Ménexène*. Comprenons que Platon n'eût pas été satisfait, si son pastiche eût été comme une caricature, où personne ne pût se tromper; la plaisanterie lui eût paru trop facile et trop grosse. Il était, au contraire, plus piquant de composer un discours où les procédés sophistiques fussent à la fois assez visibles pour exciter les moqueries des gens de goût, et pas assez pour que le vulgaire fût averti de la plaisanterie; mimer les sophistes jusqu'au point d'obtenir le même succès qu'eux, c'était les bafouer le mieux du monde. Et Platon y aurait fort bien réussi, si l'on en croit la tradition : le *Ménexène* aurait été si prisé du public athénien, qu'on aurait décidé de le réciter chaque année solennellement.

Cependant le doute n'est pas possible pour qui examine de près le fond et la forme de ce discours. Pour le fond, il contient à peu près les mêmes pensées que le fameux discours de Périclès rapporté par Thucydide, et l'on serait embarrassé d'y relever des passages dont l'idée appartînt personnellement à Platon. Ce qui frappe surtout, quand on a lu ce discours d'un bout à l'autre, c'est sa singulière impropriété. Ces oraisons funèbres se faisaient, nous l'avons vu, à la fin de chaque année, à propos des citoyens tués pendant l'année même : or, dans la masse des Athéniens de tous les âges successivement loués par l'orateur, il est impossible de distinguer ceux qui devaient être l'objet particulier de ce discours, sinon parce qu'ils sont les derniers nommés. Loin de s'étendre davantage sur eux, l'orateur les néglige plutôt, et préfère parler de ceux dont la gloire plus éclatante prêtait plus à l'éloquence, comme les combattants de Marathon ou de Salamine. Ce facile procédé, qui consiste à passer du particulier au général, et autorise les digressions les plus lointaines, et les lieux communs les plus banals, l'orateur le justifie dès le début (p. 257 A) par un raisonnement fort contestable; mais ce raisonnement n'en domine pas moins tout le discours, qui sans lui n'apparaîtrait que comme une succession de développements vagues, et sans lien entre eux, sur l'histoire entière d'Athènes.

Le discours commence donc par un éloge de l'*ancêtre commune*, la terre attique, c'est-à-dire par des allusions à des légendes rebattues (auxquelles Platon lui-même ne croyait certainement pas), et par un autre éloge — assez moqueur — de la constitution athénienne (257 B-239 A). Puis l'orateur entame le récit succinct, mais complet, de tous les hauts faits des Athéniens, en remontant jusqu'aux époques fabuleuses. Ce sont les guerres d'Eumolpos, des Amazones, des Cadméens, des Argiens (239 A), puis les guerres Médiques (239 B - 241 E), puis les guerres

entre Grecs : guerre de Béotie (242 A-C), guerre du
Péloponnèse (242 C - 243 D), guerre civile à Athènes
(243 E-244 C), guerre de Corinthe (244 C-246 A).
Tout cet exposé historique ne contient aucun aperçu
original; il est remarquable au contraire par son
infidélité voulue; l'orateur passe sous silence les événements fâcheux pour la gloire d'Athènes, dénature
ceux qu'il ne peut pas taire, soit en atténuant l'étendue des défaites, soit en exaltant hors de propos la
générosité et le désintéressement des Athéniens. Dans
ce panégyrique à outrance, la retenue et le discerne-
ment font si complètement défaut, que l'éloge perd
toute valeur.

Après la partie historique, la partie morale. Elle
consiste, comme c'était l'usage, en une exhortation
aux enfants des morts (246 D - 247 C) et une conso-
lation à leurs parents (247 C - 248 C). C'est une suite
de lieux communs : la fortune sans le mérite ne fait
pas le bonheur; il vaut mieux mourir en brave que
vivre en lâche; le malheur mal supporté est dou-
blement un malheur; l'homme sage est celui qui ne
dépend pas des êtres et des événements. Et l'orateur
termine par des considérations plus pratiques, qui
servent à amener un nouvel et dernier éloge
d'Athènes : que les orphelins et les vieillards aban-
donnés ne craignent pas pour eux-mêmes; la cité
leur tiendra lieu de famille et les protégera. En
somme tout le discours apparaît comme une de ces
compositions vagues et vides, où il suffit de modi-

tier quelques mots pour pouvoir les appliquer à des circonstances et à des temps différents. Tels étaient bien les modèles oratoires que les sophistes donnaient dans leurs écoles.

Quant au style, il est remarquablement artificiel, et tout à fait différent, il est à peine besoin de le dire, du style ordinaire de Platon, avant tout simple et familier. Les phrases solennelles abondent dans ce discours; en admettant qu'un peu d'emphase fût de mise en pareille circonstance, Socrate abuse malignement de la permission et n'épargne ni les expressions pompeuses, ni les redondances, ni les répétitions, ni aucun des moyens qui servent à donner l'illusion de la noblesse. Mais c'est surtout l'antithèse dont il use et abuse; l'antithèse est le procédé oratoire par excellence, car rien ne fait mieux saillir les idées que de les opposer l'une à l'autre; mais, l'orateur peu honnête crée volontiers, là où le sens n'en demanderait pas, des oppositions factices, et recherche l'antithèse moins pour rendre les idées plus claires que pour faire sa phrase mieux balancée, plus sonore et par là plus séduisante. C'est ainsi que procède Socrate dans son discours-pastiche; l'antithèse est partout, entre les phrases, entre les propositions, entre les mots; et souvent dans une même phrase plusieurs mots, d'une proposition à l'autre, s'opposent et se répondent un à un. Mais le mauvais rhéteur, qu'est devenu volontairement Socrate, ne s'arrête pas là; il cherche le balancement et l'harmonie, non pas seulement dans le sens des mots, mais dans leur son; de là des allitérations ou des assonances, selon que les mots qu'il rapproche commencent ou finissent par des sons analogues; les unes et les autres sont semées à profusion dans le discours, et nous avons relevé seulement quelques-unes des plus frappantes[1].

Ainsi, banalité du fonds, artifice de la forme : tels sont les caractères de ce discours, d'ailleurs si bien fait dans son genre, que plus d'un s'y est trompé. Mais le jeune Ménexène a vite compris la plaisan-

---

1. Voici le fragment qui nous reste de l'oraison funèbre composée par Gorgias. La lecture en sera instructive; on y retrouvera les mêmes procédés de style dont Platon, dans le *Ménexène*, a voulu se moquer en les imitant : Τί γὰρ ἀπῆν τοῖς ἀνδράσι τούτοις ὧν δεῖ ἀνδράσι προσεῖναι; τί δὲ καὶ προσῆν ὧν οὐ δεῖ προσεῖναι; Εἰπεῖν δυναίμην ἃ βούλομαι, βουλοίμην δ' ἃ δεῖ, λαθὼν μὲν τὴν θείαν νέμεσιν, φυγὼν δὲ τὸν ἀνθρώπινον φθόνον· οὗτοι γὰρ ἐκέκτηντο ἔνθεον μὲν τὴν ἀρετήν, ἀνθρώπινον δὲ τὸ θνητόν, πολλὰ μὲν δὴ τὸ πρᾷον ἐπιεικὲς τοῦ αὐθάδους δικαίου προκρίνοντες, πολλὰ δὲ νόμου ἀκριβείας λόγων ὀρθότητα, τοῦτον νομίζοντες θειότατον καὶ κοινότατον νόμον, τὸ δέον ἐν τῷ δέοντι καὶ λέγειν καὶ σιγᾶν καὶ ποιεῖν καὶ ἐᾶν, καὶ δισσὰ ἀσκήσαντες μάλιστα ὧν δεῖ, γνώμην καὶ ῥώμην, τὴν μὲν βουλεύοντες, τὴν δ' ἀποτελοῦντες, θεράποντες μὲν τῶν ἀδίκως δυστυχούντων, κολασταὶ δὲ τῶν ἀδίκως εὐτυχούντων, αὐθάδεις πρὸς τὸ ξυμφέρον, εὐόργητοι πρὸς τὸ πρέπον, τῷ φρονίμῳ τῆς γνώμης παύοντες τὸ ἄφρον τῆς ῥώμης, ὑβρισταὶ εἰς τοὺς ὑβριστάς, κόσμιοι εἰς τοὺς κοσμίους, ἄφοβοι εἰς τοὺς ἀφόβους, δεινοὶ ἐν τοῖς δεινοῖς. Μαρτύρια δὲ τούτων τρόπαια ἐστήσαντο τῶν πολεμίων. Διὸ μὲν ἀγάλματα, αὐτῶν δὲ ἀναθήματα, οὐκ ἄπειροι οὔτε ἐμφύτου ἄρεος οὔτε νομίμων ἐρώτων, οὔτε ἐνοπλίου ἔριδος οὔτε φιλοκάλου εἰρήνης, σεμνοὶ μὲν πρὸς τοὺς θεοὺς τῷ δικαίῳ, ὅσιοι δὲ πρὸς τοὺς τοκέας τῇ θεραπείᾳ, δίκαιοι μὲν πρὸς τοὺς ἀστοὺς τῷ ἴσῳ, εὐσεβεῖς δὲ πρὸς τοὺς φίλους τῇ πίστει. Τοιγαροῦν αὐτῶν ἀποθανόντων ὁ πόθος οὐ συναπέθανεν, ἀλλ' ἀθάνατος ἐν ἀσωμάτοις σώμασι ζῇ οὐ ζώντων.

terie, et, dans les quelques mots qui terminent le dialogue, nous le voyons y prendre part gaiement. Ce pastiche, dont il saisissait toutes les malices, l'a si fort amusé, qu'il ne demande qu'à en entendre encore d'autres. Quoique moins bien préparés que lui à n'en rien laisser échapper, tâchons, en lisant le *Ménexène*, de saisir aussi de notre mieux les intentions moqueuses de Socrate; c'est ainsi que ce petit dialogue prendra pour nous de l'intérêt et de la vie.

NOTES CRITIQUES

Voici les passages où le texte de cette édition diffère de celui de Schanz.

235 B. Texte de Schanz : ἡμέρας πλεῖν ἢ τρεῖς. Texte de cette édition : ἡμέρας πλείω ἢ τρεῖς. — Πλεῖν est une forme contracte, employée dans le dialecte attique et seulement avec les noms de nombre. La forme ordinaire πλείω a paru préférable.

236 B. Schanz : ὅτ᾽ ἐπελανθανόμην. Texte adopté : ὅτι ἐπελανθανόμην.

237 C. Schanz : ὡς ἄλλοι..... Texte adopté : ὡς οἱ ἄλλοι....

238 C. Schanz : τροφὴ ἀνθρώπων.... Texte adopté : τροφὸς ἀνθρώπων... (conjecture de Kaibel). — Τροφός, nourrice, au lieu de τροφή, nourriture, paraît mieux convenir au style de ce discours.

238 E. Schanz : οἰκοῦσιν οὖν ἔνιοι *οἱ* μὲν δούλους.... Texte adopté : οἰκοῦσιν οὖν ἔνιοι μὲν δούλους.

241 D. Schanz : διανοεῖσθαι ὡς *ἐπιστρατεῦσαι* ἐπιχειρήσων. Texte adopté : διανοεῖσθαι ὡς ἐπιχειρήσων.

241 E. Schanz : πᾶς τῇ πόλει. Texte adopté : πᾶς πάσῃ τῇ πόλει. — Πᾶς est une addition de Stallbaum.

243 B. Schanz : βασιλεῖ *καὶ* ὅν.... Texte adopté : βασιλεῖ ὅν....

243 B. Schanz : φιλονεικίας. Texte adopté : φιλονικίας.

244 C. Schanz : πεπτωκέναι [ἡμᾶς]. Texte adopté : πεπτωκέναι ἡμᾶς.

214 D. Schanz : οὐδ' ἐπ' ἄλλων ἀνθρώπων. Texte adopté : οὐδὲ πρὸ πολλῶν ἐτῶν. — Ce texte, d'ailleurs autorisé, a paru plus clair.

214 E. Schanz : κατηγοροῖ. Texte adopté : κατηγοροίη.

215 C. Schanz : καὶ ἄλλοι σύμμαχοι. Texte adopté : καὶ οἱ ἄλλοι ξύμμαχοι. Dans cette édition, comme dans celle de M. Couvreur, on a rétabli partout l'orthographe ξύν au lieu de σύν, comme plus conforme à la langue de Gorgias, dont le style est si souvent imité dans le *Ménexène.*

215 D. Schanz : εἶναι Ἕλληνας.... Texte adopté : εἶναι Ἕλληνες.... C'est le texte du manuscrit, qui peut se justifier.

215 D. Schanz : αὐτοέλληνες.... Texte adopté : αὐτοὶ Ἕλληνες....

215 D. Schanz : ἐργάσασθαι Ἕλληνες *Ἕλληνας,.... Texte adopté : ἐργάσασθαι Ἕλληνας. Cette légère correction au texte paraît plus légitime que l'addition ⁄proposée par Schanz.

215 E. Schanz : οὕτως *ὥστ', ἀγαπητῶς.... Texte adopté : οὕτως ἀγαπητῶς.... L'addition de Schanz n'est pas indispensable.

216 B. Schanz : νῦν τε [παρακελεύομαι] καὶ.... Texte adopté : νῦν τε παρακελεύομαι καὶ.... La suppression de παρακελεύομαι faite par Schanz ne paraît pas nécessaire.

216 C. Schanz : κινδυνεύειν. Texte adopté : κινδυνεύσειν.

217 A. Schanz : μάλιστα δ' ἂν ἡττώμεθα. Texte adopté : μάλιστα δ' ἂν νικώμεθα.

218 D. Schanz : παρακελευοίμεθ' ἄν.... Texte adopté : παρεκελευόμεθ' ἄν....

PLATON

MÉNEXÈNE

ou

ORAISON FUNÈBRE

I. ΣΩΚΡΑΤΗΣ. Ἐξ ἀγορᾶς[1] ἢ πόθεν Μενέξενος[2]; [234
ΜΕΝΕΞΕΝΟΣ. Ἐξ ἀγορᾶς, ὦ Σώκρατες, καὶ[3]
ἀπὸ τοῦ βουλευτηρίου.

1. Ἐξ ἀγορᾶς ἢ πόθεν Μενέξενος. Plusieurs dialogues de Platon commencent ainsi : deux personnages se rencontrent et se demandent l'un à l'autre d'où ils viennent et où ils vont : puis ce sont des questions sur leurs affaires, — sur celles du prochain, — ou sur celles de la république, et parfois la conversation se poursuit assez longtemps sur ce ton ; les personnages de Platon, — comme d'ailleurs les Athéniens de ce temps, — ne sont pas des gens pressés ; ils savent qu'ils parlent une jolie langue, et semblent éprouver du plaisir même à dire de très menues choses.

2. Μενέξενος. (Sur le personnage, cf. la Notice.) Remarquez que, bien que Socrate s'adresse directement à Ménexène, le nom propre est au nominatif, et non au vocatif. C'est une tournure très fréquente chez Platon, qui cependant, en ce cas, joint ordinairement au nom propre le pronom οὗτος. Comparez Horace, Sat. I, 4, v. 1 : « Unde et quo Catius ? »

3. Καί. Comprenons : « Je viens de la place publique, et (en particulier) du sénat ». Le lieu de délibération du sénat se trouvait sur l'agora (ou très voisin de l'agora, — car l'emplacement n'a pu en être exactement déterminé).

ΣΩ. Τί μάλιστα σοὶ πρὸς βουλευτήριον[1]; ἢ δῆλα
δὴ ὅτι[2] παιδεύσεως καὶ φιλοσοφίας[3] ἐπὶ τέλει ἡγεῖ
εἶναι, καὶ ὡς[4] ἱκανῶς ἤδη ἔχων ἐπὶ τὰ μείζω[5]
ἐπινοεῖς τρέπεσθαι[6], καὶ ἄρχειν ἡμῶν. ὦ θαυμάσιε[7],

B] ἐπιχειρεῖς τῶν πρεσβυτέρων τηλικοῦτος ὤν, ἵνα μὴ
ἐκλίπῃ ὑμῶν ἡ οἰκία ἀεί τινα ἡμῶν ἐπιμελητὴν
παρεχομένη;

MEN. Ἐὰν σύ γε, ὦ Σώκρατες, ἐᾷς καὶ συμβου-

---

1. Τί μάλιστα..., interrogation
fréquente chez Platon. (Comparez
le latin : *quid potissimum*.)
« Qu'allais-tu faire au juste, —
qu'allais-tu faire de particulier? » — Le verbe manque, par
une de ces ellipses dont le style
tout familier des dialogues est
semé.

2. ᾖΙ. Ce « ou bien » répond à
une alternative fictive. « Est-ce
pour autre chose? ou bien est-ce
que », par une tournure très
fréquente en grec et en particulier chez Platon. — Δῆλα... ὅτι...
« Il est évident que »; le neutre
pluriel au lieu du neutre singulier
se rencontre souvent dans des cas
semblables.

3. Παιδεύσεως καὶ φιλοσοφίας.
Παίδευσις désigne l'ensemble des
connaissances que comprend
l'instruction d'un adolescent de
la classe éclairée ; φιλοσοφία, la
science, qu'on acquiert ensuite,
de l'âme humaine et du gouvernement des hommes. — C'est donc
une éducation complète, à laquelle il n'y a rien à ajouter. —
Remarquez l'absence d'article de-

vant ces deux substantifs de signification générale.

4. Ὡς, et non pas ὅτε, parce
que cette supposition, que Ménexène est assez instruit, est considérée comme exprimant sa pensée, et nullement celle de Socrate.
(Cf. Croiset et Petitjean, *Grammaire grecque*, § 600, *d*.) — Ἱκανῶς ἔχων : c'est comme s'il y
avait : ἱκανός ὤν.

5. Τὰ μείζω, la politique. Remarquez ce comparatif : c'est « la
vie au-dessus de celle de l'adolescent, de celui qui apprend, et
n'a pas encore part aux affaires ».

6. Τρέπεσθαι. Le moyen est ici
un véritable réfléchi; ordinairement le moyen indique que le
sujet fait une action, — non pas
sur lui-même, — mais pour lui-
même. (Croiset, *Gr. gr.*, § 559.)

7. Θαυμάσιε. L'épithète est ici
ironique (Platon ne l'emploie pas
toujours ainsi). Remarquez avec
quelle souplesse est rejeté à la
fin de la proposition ce τῶν πρεσβυτέρων, pour mieux contraster
avec τηλικοῦτος ὤν.

λεύης ἄρχειν, προθυμήσομαι · εἰ δὲ μή¹, οὔ. Νῦν
μέντοι ἀφικόμην πρὸς τὸ βουλευτήριον πυθόμενος
ὅτι ἡ βουλὴ μέλλει² αἱρεῖσθαι ὅστις ἐρεῖ ἐπὶ τοῖς
ἀποθανοῦσιν³ · ταφὰς γὰρ οἶσθ' ὅτι μέλλουσι ποιεῖν⁴.

ΣΩ. Πάνυ γε⁵ · ἀλλὰ τίνα εἵλοντο;

MEN. Οὐδένα, ἀλλὰ ἀνεβάλοντο εἰς τὴν αὔριον⁶.
Οἶμαι μέντοι Ἀρχῖνον ἢ Δίωνα αἱρεθήσεσθαι⁷.

---

1. Εἰ δὲ μή. Régulièrement il
faudrait ἐὰν δὲ μή; mais εἰ δὲ μή
est une locution courante, qu'on
ne prend plus la peine de plier à
la règle. — Ménexène prend-il au
sérieux la question que Socrate
vient de lui adresser en plaisan-
tant? On peut le croire. Il nous
apparaît, dans cette petite scène
du début, comme un personnage
assez naïf et présomptueux, dont
Socrate s'amuse à rabattre l'en-
thousiasme juvénile.

2. Μέλλει. Le présent est régulier : la proposition complétive
subordonnée doit conserver le
temps d'une proposition indépen-
dante. — Quant au mode, après
une proposition principale dont
le verbe est à un temps historique,
le grec met, soit l'indicatif, soit
l'optatif, dit de style indirect;
μέλλοι serait ici très correct.

3. Ἐπὶ τοῖς ἀποθανοῦσιν. C'est
proprement « parler au-dessus
des morts, — devant les morts ».

4. Ταφὰς... ποιεῖν. Ce n'est pas
tout à fait la même chose que s'il
y avait simplement θάπτειν; la
périphrase, en détachant le mot
ταφὰς, fait mieux sentir l'idée de
« solennité » et de « pompe ». —

Dans de pareilles locutions, équi-
valant à un verbe simple, le grec
emploie presque toujours le
moyen ποιεῖσθαι. Ταφὰς ποιεῖν,
signifierait exactement : proposer
un décret ordonnant la célébra-
tion des funérailles; on pourrait
d'ailleurs adopter ici ce sens,
puisqu'il s'agit du sénat, si le
choix d'un orateur, qu'on est sur
le point de faire, n'indiquait que
le décret est déjà voté.

5. Πάνυ γε. Formule d'acquies-
cement familière à Socrate.

6. Τὴν αὔριον. Ἡ αὔριον ἡμέρα,
le lendemain. — On peut voir ici
une allusion ironique aux lenteurs
dont les assemblées populaires
sont coutumières.

7. Μέντοι, quoi qu'il en soit. —
Archinos et Dion, orateurs peu
connus. De Dion nous ne savons
même rien; Archinos était un
ami de Thrasybule et prit part
avec lui à l'expédition des Trente.
Il contribua, paraît-il, à la ré-
forme qui substitua au vieil alphabet attique l'alphabet ionien de
24 lettres. On sait aussi qu'il pro-
posa quelques lois, — et enfin
qu'il prononça une oraison funèbre, qu'Isocrate a imitée dans

c] II. ΣΩ. Καὶ μὴν, ὦ Μενέξενε, πολλαχῇ κινδυνεύει[1] καλὸν εἶναι τὸ ἐν πολέμῳ ἀποθνήσκειν. Καὶ
γὰρ[2] ταφῆς καλῆς τε καὶ μεγαλοπρεποῦς τυγχάνει[3]
καὶ ἐὰν πένης τις ὢν τελευτήσῃ, καὶ ἐπαίνου αὖ
ἔτυχεν[4], καὶ ἐὰν φαῦλος[5] ᾖ, ὑπ' ἀνδρῶν σοφῶν τε
καὶ οὐκ εἰκῇ ἐπαινούντων, ἀλλὰ ἐκ πολλοῦ χρόνου
λόγους παρεσκευασμένων, οἳ οὕτως καλῶς ἐπαι-
235] νοῦσιν, ὥστε καὶ τὰ προσόντα καὶ τὰ μὴ περὶ ἑκά-
στου λέγοντες, κάλλιστά πως[6] τοῖς ὀνόμασι[7] ποικίλ-

certains passages de son *Panégyrique*. — Αἱρεθήσεσθαι. Voici un
texte de Démosthène, qui nous
renseigne sur la façon dont cette
désignation était faite : χειροτο-
νῶν γὰρ ὁ δῆμος τὸν ἐροῦντ' ἐπὶ
τοῖς τετελευτηκόσι παρ' αὐτὰ
τὰ συμβάντα οὐ σὲ ἐχειροτόνησε
προβληθέντα, ἀλλ' ἐμέ.... (*Cou-
ronne*, § 520).
1. Κινδυνεύει; le sens du verbe
est fort affaibli : avoir chance.
L'emploi de ce mot n'est d'ailleurs
pas sans ironie. Toute cette tirade
de Socrate est pleine d'une ironie
souriante à l'adresse de ces par-
leurs sans conscience, dont il ne
reconnaît l'habileté que pour
mieux s'en moquer.
2. Καὶ γὰρ, etc. Cette phrase
est un remarquable exemple de
l'emploi très étendu que font les
Grecs du participe : l'adjonction
de propositions participiales re-
nouvelle ici la période par deux
fois; leur mélange avec d'autres
propositions commençant par
ὥστε produit d'ailleurs une cer-
taine confusion; la phrase semble
faite de morceaux ajoutés successivement; mais ce laisser-aller,
qui ne serait pas de mise dans un
morceau oratoire, ne fait ici qu'a-
jouter à la grâce de cette conversation familière. Construisez :
καὶ γὰρ ταφῆς... καὶ ἐὰν..., —
καὶ ἐπαίνου... καὶ ἐὰν... (1ʳᵉ partie), — ὑπ' ἀνδρῶν..., οἳ οὕτω...
ἐπαινοῦσιν ὥστε, ... λέγοντες,
... ποικίλλοντες, γοητεύουσιν
(2ᵉ partie),—καὶ ἐγκωμιάζοντες...
καὶ ἐπαινοῦντες, ὥστ' ἔγωγε...
διατίθεμαι ἐπαινούμενος (3ᵉ partie), — καὶ, ἑκάστοτε ἕστηκα...,
ἡγούμενος... γεγονέναι.
3. Le sujet de τυγχάνει est τις,
dans la proposition subordonnée
qui suit.
4. Ἔτυχεν. Sur l'aoriste dit d'ex-
périence dont nous avons ici un
exemple, cf. Croiset, *Gr. gr.*, § 550.
5. Φαῦλος signifie : de basse
condition, *ignobilis*.
6. Πως. Ce petit mot, qu'on ne
peut vraiment traduire par la
lourde expression française : « en
quelque manière », souligne avec
une légère ironie le superlatif
κάλλιστα.
7. Τοῖς ὀνόμασι, « les mots ».

λοντες, γοητεύουσιν ἡμῶν τὰς ψυχὰς, καὶ τὴν πόλιν ἐγκωμιάζοντες¹ κατὰ πάντας τρόπους καὶ τοὺς
τετελευτηκότας ἐν τῷ πολέμῳ καὶ τοὺς προγόνους
ἡμῶν ἅπαντας τοὺς ἔμπροσθεν καὶ αὐτοὺς ἡμᾶς τοὺς
ἔτι ζῶντας ἐπαινοῦντες, ὥστ' ἔγωγε, ὦ Μενέξενε,
γενναίως πάνυ διατίθεμαι² ἐπαινούμενος ὑπ' αὐτῶν,
καὶ ἑκάστοτε ἕστηκα ἀκροώμενος καὶ κηλούμενος³,·
ἡγούμενος ἐν τῷ παραχρῆμα⁴ μείζων καὶ γενναιότερος καὶ καλλίων⁵ γεγονέναι. Καὶ οἷα⁶ δὴ τὰ πολλὰ [B
ἀεὶ μετ' ἐμοῦ⁷ ξένοι τινὲς ἕπονται καὶ συνακροῶνται,
πρὸς οὓς ἐγὼ σεμνότερος ἐν τῷ παραχρῆμα γίγνο-
μαι·καὶ γὰρ ἐκεῖνοι ταὐτὰ ταῦτα δοκοῦσί μοι πάσχειν καὶ πρὸς ἐμὲ καὶ πρὸς τὴν ἄλλην πόλιν, θαυ-
μασιωτέραν αὐτὴν ἡγεῖσθαι εἶναι ἢ πρότερον, ὑπὸ

La métaphore ποικίλλοντες, em-
pruntée à l'art de la broderie, est
d'un emploi plutôt poétique;
mais elle exprime vivement ce
qu'ont d'artificiel et d'apprêté les
discours de ces rhéteurs.

1. Ἐγκωμιάζοντες. Ἐγκωμιά-
ζειν a à peu près le même sens
que ἐπαινεῖν, avec cette nuance
que le premier s'applique plutôt
au mérite intrinsèque d'un homme
ou d'une cité et le second à leurs
actes.

2. Διατίθεμαι. Διατίθεσθαι,
être dans telle ou telle disposition
d'esprit : « à les entendre me
louer, je me sens tout rempli de
nobles dispositions ». Socrate,
dans sa gaie malice, se confond
volontairement avec ces âmes
médiocres, que les éloges des
rhéteurs élèvent un instant au-
dessus d'elles-mêmes, en les rem-
plissant d'un vain orgueil.

3. Κηλούμενος, charmé comme
par un chant.

4. Ἐν τῷ παραχρῆμα, sur-le-
champ. Socrate s'amuse à représenter ces rhéteurs presque
comme des magiciens.

5. Μείζων καὶ γενναιότερος
καὶ καλλίων : il ne s'agit ici, bien
entendu, que de qualités morales :
la vigueur, la noblesse, la vertu.

6. Οἷα. Les Grecs emploient
quelquefois οἷον ou οἷα dans la
même acception que ὡς.

7. Μετ' ἐμοῦ... ἕπονται. L'emploi de la préposition après ἕπε-
σθαι est une tournure familière.
— Οἷα τὰ πολλά et ἀεὶ semblent bien former un pléonasme;

τοῦ λέγοντος ἀναπειθόμενοι. Καί μοι αὕτη ἡ σεμνό-
της παραμένει ἡμέρας πλείω·¹ ἢ τρεῖς· οὕτως
ἔναυλος·² ὁ λόγος τε καὶ ὁ φθόγγος παρὰ τοῦ λέγοντος ἐνδύεται εἰς τὰ ὦτα, ὥστε μόγις τετάρτῃ ἢ
πέμπτῃ ἡμέρᾳ ἀναμιμνήσκομαι ἐμαυτοῦ καὶ αἰσθά-
νομαι οὗ³ γῆς εἰμι, τέως δὲ οἶμαι μόνον οὐκ ἐν
μακάρων νήσοις οἰκεῖν·⁴ οὕτως ἡμῖν οἱ ῥήτορες
δεξιοί⁵ εἰσιν.

III. MEN. Ἀεὶ σὺ προσπαίζεις, ὦ Σώκρατες,
τοὺς ῥήτορας⁶. Νῦν μέντοι οἶμαι ἐγὼ τὸν αἱρεθέντα
οὐ πάνυ εὐπορήσειν· ἐξ ὑπογύου⁷ γὰρ παντάπασιν

ἀεί· serait donc une glose.

1. Πλείω, comme πλέον, pluriel neutre de πλείων pris adver-
bialement : plus que trois jours;
le grec peut dire aussi : πλείω
ἡμέρας τρεῖς ou ἡμερῶν τριῶν.
Pour la déclinaison de πλείων,
cf. Croiset et Petitjean, *Gramm.
grecque*, § 168, Remarque III. —
Τρεῖς : hyperbole plaisante.

2. Ἔναυλος, qui résonne. Construisez ce mot comme un attribut détaché au commencement
de la phrase, et qui retombe à la
fois sur λόγος et sur φθόγγος.
Λόγος, les mots; φθόγγος, le son
de la voix.

3. Οὗ, adverbe de lieu : « en
quel endroit de la terre ».

4. Οἶμαι μόνον οὐκ οἰκεῖν : « je
crois seulement que je n'habite
pas », — c'est-à-dire : « c'est tout
juste si je ne m'imagine pas ha-
biter... ». Ces îles des Bienheureux
sont une imagination chère aux
poètes grecs.

5. Δεξιοί, habiles. Ἡμῖν ne se
rattache par un lien particulier à
aucun mot de la phrase : ce sont
« nos orateurs », et aussi c'est
« sur nous » que leur habileté
s'exerce.

6. Ῥήτορας. Les rhéteurs sont
en effet pour Socrate un de ses
sujets habituels de moquerie. Lui
qui cherchait avant tout le vrai,
ne pouvait souffrir l'éloquence
qui amplifie et dénature. C'est
surtout dans le *Gorgias* qu'il s'est
donné carrière. Ménexène est tout
étonné, presque chagriné de l'attitude railleuse de Socrate. Il es-
saye de défendre les rhéteurs,
d'un ton sérieux et un peu piqué :
νῦν μέντοι οἶμαι ἐγώ, « en cette
occasion cependant, — à mon sens
du moins... ».

7. Ἐξ ὑπογύου. Ὑπόγυος, qui
est sous la main (ὑπό, γυῖον,
membre), ἐξ ὑπογύου, à l'im-
proviste. — Joindre : ἐξ ὑπογύου... παντάπασιν.

ἡ αἵρεσις γέγονεν, ὥστε ἴσως ἀναγκασθήσεται ὁ λέγων ὥσπερ αὐτοσχεδιάζειν[1].

ΣΩ. Πόθεν, ὠγαθέ; εἰσὶν ἑκάστοις τούτων λόγοι [D] παρεσκευασμένοι[2], καὶ ἅμα οὐδὲ αὐτοσχεδιάζειν τά γε[3] τοιαῦτα χαλεπόν. Εἰ μὲν γὰρ δέοι Ἀθηναίους ἐν Πελοποννησίοις εὖ λέγειν ἢ Πελοποννησίους ἐν Ἀθηναίοις, ἀγαθοῦ ἂν ῥήτορος δέοι τοῦ πείσοντος καὶ εὐδοκιμήσοντος[4]· ὅταν δέ τις ἐν τούτοις ἀγωνίζηται[5], ὧσπερ καὶ ἐπαινεῖ, οὐδὲν μέγα δοκεῖν εὖ λέγειν[6].

ΜΕΝ. Οὐκ οἴει, ὦ Σώκρατες;

ΣΩ. Οὐ μέντοι μὰ Δία.

ΜΕΝ. Ἦ οἴει οἷός τ' ἂν εἶναι αὐτὸς εἰπεῖν, εἰ [E] δέοι καὶ ἕλοιτό σε ἡ βουλή;

---

1. Αὐτοσχεδιάζειν, parler ou agir sur-le-champ (σχεδόν, près), ici : improviser.

2. Λόγοι παρεσκευασμένοι. Socrate vise ici sans doute Gorgias, qui avait fait, à son usage, un recueil de lieux communs; Antiphon avait, parait-il, la même habitude. D'ailleurs, les plus grands orateurs, comme Démosthène, eurent aussi recours parfois à des morceaux préparés, exordes ou péroraisons; et Cicéron l'avoue quelque part pour lui-même. D'ailleurs Socrate entend ici des « discours entiers » par une exagération plaisante.

3. Γε... : ne pas négliger ces particules, qui donnent à la phrase sa finesse : « et d'ailleurs il ne serait pas difficile même d'im-

proviser un pareil discours ».

4. Τοῦ πείσοντος καὶ εὐδοκιμήσοντος, il faudrait alors qu'il qu'il fût un bon orateur, celui qui devrait persuader et plaire.

5. Ὅταν... ἀγωνίζηται. « Lorsque », suivi d'un verbe au présent, mais impliquant une idée de répétition, se rend en grec par ὅταν et le subjonctif. (Croiset, Grammaire grecque, § 618.) — Ἀγωνίζομαι se dit en effet des orateurs qui parlent devant le peuple.

6. Οὖσπερ. Remarquez la valeur de περ dans le relatif : « ceux précisément que... »; καὶ renforce encore l'ironie. — Οὐδὲν μέγα δοκεῖν εὖ λέγειν. Entendez : c'est peu de chose que de paraître éloquent dans de pareilles conditions.

ΣΩ. Καὶ ἐμοὶ μὲν γε¹, ὦ Μενέξενε, οὐδὲν θαυμαστὸν οἴῳ τ᾽ εἶναι² εἰπεῖν, ᾧ τυγχάνει διδάσκαλος οὖσα οὐ πάνυ φαύλη περὶ ῥητορικῆς³, ἀλλ᾽ ἥπερ⁴ καὶ ἄλλους πολλοὺς καὶ ἀγαθοὺς πεποίηκε ῥήτορας, ἕνα δὲ καὶ διαφέροντα τῶν Ἑλλήνων, Περικλέα τὸν Ξανθίππου.

MEN. Τίς αὕτη; ἢ δῆλον ὅτι Ἀσπασίαν λέγεις;

ΣΩ. Λέγω γὰρ⁵, καὶ Κόννον γε τὸν Μητροβίου·
236] οὗτοι γάρ μοι δύο εἰσὶν διδάσκαλοι, ὁ μὲν μουσικῆς, ἡ δὲ ῥητορικῆς. Οὕτω μὲν οὖν τρεφόμενον ἄνδρα οὐδὲν θαυμαστὸν δεινὸν εἶναι λέγειν⁶· ἀλλὰ καὶ ὅστις ἐμοῦ κάκιον ἐπαιδεύθη, μουσικὴν μὲν ὑπὸ Λάμπρου⁷ παιδευθείς, ῥητορικὴν δὲ ὑπ᾽ Ἀντι-

---

1. Ἐμοὶ μὲν.... Ce μέν n'est pas suivi de δέ. On pourra relever plusieurs exemples de cette sorte de rupture de la phrase, qui lui donne une allure plus vive.
2. Ἐμοὶ... οἴῳ τ᾽ εἶναι. Cf. Croiset, § 376.
3. Περὶ ῥητορικῆς. Περί dans ce sens se construit aussi bien avec le génitif qu'avec l'accusatif.
4. Ἀλλ᾽ ἥπερ καὶ ἄλλους.... ἕνα δέ.... Opposez καὶ... δέ, — opposition un peu irrégulière, mais admise, surtout dans la langue familière. — Sur Aspasie, voir Plutarque, *Périclès*, 24.
5. Κόννον. Ce Connos était un citharède fameux. Certains commentateurs se sont étonnés que Socrate plaçât un citharède parmi ses maîtres d'éloquence, — et se sont appuyés là-dessus pour con-

clure contre l'authenticité de cette partie dialoguée du *Ménexène*. On répond à cela que le citharède devait enseigner les principes généraux de la musique, qui pour les anciens étaient indispensables à l'éducation oratoire. — D'ailleurs, on peut se demander si Socrate ne continue pas la plaisanterie qui lui a fait appeler Aspasie un de ses professeurs d'éloquence. Dans tous les cas, il paraît probable que ce musicien, très avide de succès, et dont les poètes comiques du temps se sont plus d'une fois moqués, ne devait pas avoir la sympathie de Socrate.
6. Δεινὸν λέγειν. Cf. Croiset, § 596.
7. Λάμπρου... Ἀντιφῶντος. Lampros a été cité avec éloges par plusieurs auteurs anciens;

φῶντος τοῦ Ῥαμνουσίου, ὅμως κἂν οὗτος; οἷός;
τ' εἴη Ἀθηναίους γε ἐν Ἀθηναίοις ἐπαινῶν εὐδοκι-
μεῖν.

IV. MEN. Καὶ τί ἂν ἔχοις εἰπεῖν, εἰ δέοι σε
λέγειν;

ΣΩ. Αὐτὸς μὲν παρ' ἐμαυτοῦ ἴσως οὐδέν, Ἀσπασίας δὲ καὶ[1] χθὲς ἠκροώμην περαινούσης ἐπιτάφιον [B
λόγον περὶ αὐτῶν τούτων[2]. Ἤκουσε γὰρ ἅπερ σὺ
λέγεις, ὅτι μέλλοιεν[3] Ἀθηναῖοι αἱρεῖσθαι τὸν
ἐροῦντα· ἔπειτα τὰ μὲν ἐκ τοῦ παραχρῆμά μοι
διῄει, οἷα δέοι λέγειν, τὰ δὲ πρότερον ἐσκεμμένη[4],
ὅτε μοι δοκεῖ[5] συνετίθει τὸν ἐπιτάφιον λόγον, ὃν

---

de même Antiphon, pour lequel
Thucydide professe une grande
admiration. On ne sait qui Socrate vise ici, en parlant de cet
homme « moins bien instruit que
lui ». Il est possible que ce soit
Thucydide lui-même.... Mais il est
plus probable, étant donné le sens
indéfini de ὅστις, qu'il ne désigne
personne en particulier. D'autre
part, Lampros et Antiphon semblent avoir été, l'un pour la musique, l'autre pour l'éloquence,
deux artistes consciencieux, so-
bres, et même un peu secs. Socrate devait les préférer aux
Gorgias, aux Aspasie, aux Connos;
et le κάκιον pourrait bien être
ironique.

1. Καί, précisément. — Περαινούσης : c'est un discours en règle.

2. Περὶ αὐτῶν τούτων, un dis-

cours funèbre sur ce sujet même.
Quel sujet ? L'éloge d'Athènes devant les Athéniens. On voit la
moquerie.

3. Μέλλοιεν, optatif de style
indirect; cf. Croiset, § 623 c. De
même δέοι.

4. Ἐσκεμμένη a ici tout son
sens de parfait; cette partie de
son discours, Aspasie l'avait mû-
rie autrefois, et elle l'avait encore dans la mémoire. (Croiset,
§§ 553-554.)

5. Μοι δοκεῖ est souvent inséré
ainsi au milieu de la phrase;
pour le sens, ces mots retombent
sur συνετίθει, ce que le ton de
l'interlocuteur, à défaut de la
grammaire, faisait sentir. Inter-
prétez donc : lorsqu'elle a composé, — car, selon moi, c'est elle
qui l'a composé, — le discours
qu'a prononcé Périclès.

Περικλῆς εἶπεν[1], περιλείμματ'[2] ἄττα ἐξ ἐκείνου συγκολλῶσα.

MEN. Ἦ καὶ μνημονεύσαις ἂν ἃ ἔλεγεν[3] ἡ Ἀσπασία;

ΣΩ. Εἰ μὴ ἀδικῶ γε· ἐμάνθανόν γέ τοι[4] παρ' αὐτῆς, καὶ ὀλίγου[5] πληγὰς ἔλαβον ὅτι ἐπελανθανόμην.

MEN. Τί οὖν οὐ διῆλθες[6];

ΣΩ. Ἀλλ' ὅπως μή μοι χαλεπανεῖ[7] ἡ διδάσκαλος, ἂν ἐξενέγκω[8] αὐτῆς τὸν λόγον.

MEN. Μηδαμῶς[9], ὦ Σώκρατες, ἀλλ' εἰπὲ, καὶ πάνυ μοι χαριεῖ, εἴτε[10] Ἀσπασίας βούλει λέ-

1. Ὃν Περικλῆς εἶπεν. La raillerie de Socrate ne respecte pas Périclès.

2. Περιλείμματα. On pense que par ce mot Socrate désigne surtout les lieux communs; Aspasie en aurait fait provision pour le premier discours, mais ne les aurait pas tous placés. D'ailleurs, le discours que récitera Socrate tout à l'heure, prouvera suffisamment que ces περιλείμματα étaient bien des lieux communs.

3. Ἃ ἔλεγεν. Le français dirait plutôt : pourrais-tu te rappeler ce qu'a dit Aspasie ? Voyez Croiset, § 515, remarque II. De même : ἐμάνθανον, ἔλαβον : la différence entre le grec et le français est ici plus nette encore.

4. Τοι, certes : affirmation comique. — Ἐμάνθανον. Les sophistes faisaient apprendre par cœur à leurs élèves certains discours-types. Socrate se moque de cet usage, — ainsi que plus loin (πληγὰς ἔλαβον) il semble bien railler les habitudes par trop impérieuses de certains professeurs de rhétorique.

5. Ὀλίγου, presque.

6. Τί οὐ avec l'aoriste, dans cette acception, est d'un emploi fréquent, et non seulement chez Platon. M. à m. : « Que n'as-tu déjà ».

7. Ὅπως... χαλεπανεῖ. Les propositions finales commençant par ὅπως ont ordinairement leur verbe au subjonctif. (Croiset, §§ 615, 617, 632.)

8. Ἂν ἐξενέγκω : le subjonctif aoriste correspond ici au futur antérieur latin. (Croiset, § 618.)

9. Μηδαμῶς, « ne crains pas cela ».

10. Εἴτε... βούλει... εἴτε.... Les propositions commençant par εἴτε suivent les mêmes règles que celles qui commencent par εἰ. (Croiset, § 636.)

γειν εἴτε ὁτουοῦν[1]· ἀλλὰ μόνον εἰπέ.

ΣΩ. Ἀλλ' ἴσως μου καταγελάσει, ἄν σοι δόξω πρεσβύτης ὢν ἔτι παίζειν.

ΜΕΝ. Οὐδαμῶς, ὦ Σώκρατες, ἀλλ' εἰπὲ παντὶ τρόπῳ[2].

V. ΣΩ. Ἀλλὰ μέντοι σοί γε δεῖ χαρίζεσθαι, ᾧ γε κᾶν[3] ὀλίγου, εἴ με κελεύοις ἀποδύντα ὀρχήσα- [D] σθαι[4], χαρισαίμην ἄν, ἐπειδή γε[5] μόνω ἐσμέν. Ἀλλ'[6] ἄκουε. Ἔλεγε γὰρ, ὡς ἐγῷμαι, ἀρξαμένη λέγειν ἀπ' αὐτῶν τῶν τελνεώτων οὑτωσί.

« Ἔργῳ[7] μὲν ἡμῖν οἵδε ἔχουσιν τὰ προσήκοντα σφίσιν αὐτοῖς, ὧν τυχόντες πορεύονται τὴν εἰμαρ-

---

1. Ὁτουοῦν..., « ou de qui tu voudras... ». Peu importe en effet; ce que veut Ménexène, c'est entendre un beau discours, quel qu'en soit l'auteur.

2. Παντὶ τρόπῳ. Même remarque. Visiblement Socrate se prépare à réciter, non pas un discours sérieux, mais une parodie, — et sans doute sur un ton comiquement déclamatoire, au moins pour le début.

3. Ὧι γε κᾶν ὀλίγου... χαρισαίμην ἄν : cette répétition explétive de ἄν est fréquente. — Ὀλίγου, sous-entendu δεῖ: « pour un peu... ».

4. Ὀρχήσασθαι. L'infinitif aoriste est ici de règle, comme marquant simplement l'idée verbale; l'infinitif présent, au contraire, ne s'emploie régulièrement que si l'action implique une idée de durée, — ou si elle doit se ré-

péter, — ce qui n'est pas le cas. — Ἀποδύντα. Il s'agirait, non pas de se dépouiller complètement, mais d'enlever les vêtements de dessus, gênants pour la danse.

5. Ἐπειδή γε, d'autant plus que.

6. Ἀλλά. Ce mot revient pour la sixième fois en quelques phrases; mais ce style heurté convient bien à cette partie du dialogue rapide et animée, qui précède et prépare le discours. Remarquez la répétition, dans cette phrase, de la particule γε; il faut tâcher de saisir les délicates nuances de pensée qu'elle exprime chaque fois.

7. Ἔργῳ μὲν... λόγῳ δέ. L'opposition λόγῳ... ἔργῳ est chère aux Grecs. Elle en vient à signifier souvent : *en apparence... en réalité*. Ici elle est employée dans

μένην πορείαν[1], προπεμφθέντες κοινῇ μὲν ὑπὸ τῆς πόλεως, ἰδίᾳ δὲ ὑπὸ τῶν οἰκείων· λόγῳ δὲ δή[2] τὸν λειπόμενον κόσμον ὅ τε νόμος προστάττει ἀποδοῦναι τοῖς ἀνδράσιν καὶ χρή[3]. Ἔργων γὰρ εὖ πραχθέντων λόγῳ καλῶς ῥηθέντι μνήμη καὶ κόσμος τοῖς πράξασι γίγνεται παρὰ τῶν ἀκουσάντων· δεῖ δὴ τοιούτου τινὸς λόγου, ὅστις τοὺς μὲν τετελευτηκότας ἱκανῶς ἐπαινέσεται, τοῖς δὲ ζῶσιν εὐμενῶς παραινέσεται[4]. ἐκγόνοις μὲν καὶ ἀδελφοῖς μιμεῖσθαι τὴν τῶνδε ἀρετὴν παρακελευόμενος, πατέρας δὲ καὶ μητέρας

un sens plus voisin de l'étymologie. Ces actes matériels de la cérémonie religieuse sont opposés aux paroles que va prononcer l'orateur. — Remarquez, dans la même phrase, une autre opposition : κοινῇ μὲν... ἰδίᾳ δέ ; le style a changé, il devient antithétique et oratoire.

1. Τὴν εἱμαρμένην πορείαν : expression poétique, mise à dessein au début de ce discours solennel. — Remarquez le πορεύονται... πορείαν. Cette figure, dite « figure étymologique », se retrouvera à chaque instant dans ce discours. C'est un de ces procédés de style familiers aux rhéteurs, et un des traits qui feraient reconnaître ce discours pour un pastiche, si Socrate ne l'avait suffisamment laissé entendre dans le dialogue précédent.

2. (Λόγῳ) δὲ δή, mais maintenant. Le discours terminait en effet la série des cérémonies funèbres.

3. Καὶ χρή. Ce petit mot énergique, après la longue proposition qui précède, rejeté à la fin de la phrase et dominant la suivante, nous rappelle la manière de Démosthène. Mais, comme l'a remarqué Denys d'Halicarnasse, cet effet n'est pas très heureux ici, dans ce début pompeux et antithétique. — Χρή veut dire que la morale, aussi bien que la loi, veut, etc. Remarquez le balancement oratoire de la phrase suivante, où tous les mots se répondent : ἔργων... εὖ πραχθέντων — λόγῳ καλῶς ῥηθέντι... — τοῖς πράξασι... παρὰ τῶν ἀκουσάντων.

4. Ἐπαινέσεται... παραινέσεται. Remarquez cette recherche de la rime (homœotéleute), qui est ici frappante. Ce discours en contient d'ailleurs beaucoup d'autres. C'est encore un procédé cher aux rhéteurs, que Socrate ne manque pas de railler, en l'exagérant.

καὶ εἴ τινες τῶν ἄνωθεν ἔτι¹ προγόνων λείπονται, τούτους δὲ² παραμυθούμενος. Τίς οὖν³ ἂν ἡμῖν τοι- [237 οῦτος λόγος φανείη; ἢ πόθεν ἂν ὀρθῶς ἀρξαίμεθα ἄνδρας ἀγαθοὺς ἐπαινοῦντες, οἳ ζῶντές τε τοὺς ἑαυ- τῶν ηὔφραινον⁴ δι' ἀρετήν, καὶ τὴν τελευτὴν ἀντὶ τῆς τῶν ζώντων⁵ σωτηρίας ἠλλάξαντο; Δοκεῖ μοι χρῆναι κατὰ φύσιν⁶, ὥσπερ ἀγαθοὶ ἐγένοντο, οὕτω καὶ ἐπαινεῖν αὐτούς. Ἀγαθοὶ δὲ ἐγένοντο⁷ διὰ τὸ φῦναι ἐξ ἀγαθῶν. Τὴν εὐγένειαν οὖν πρῶτον αὐτῶν ἐγκωμιάζωμεν, δεύτερον δὲ τροφήν τε καὶ παι- δείαν⁸· ἐπὶ δὲ τούτοις τὴν τῶν ἔργων πρᾶξιν⁹ ἐπι- [B δείξωμεν, ὡς καλὴν καὶ ἀξίαν τούτων ἀπεφήναντο.

1. Rapprocher ἔτι λείπονται.
2. Τούτους δέ. L'orateur rassemble en un seul mot tous ceux qui précèdent, pour terminer la phrase d'une manière plus vigoureuse; la répétition de la particule δέ contribue à cet effet.
3. Τίς οὖν., ἢ πόθεν. Interrogations emphatiques.
4. Ηὔφραινον. Dans les verbes commençant par εὖ, tantôt l'augment se combine avec la voyelle initiale en η, tantôt il disparaît. Les formes où l'augment est négligé sont plutôt des formes de la langue commune.
5. Οἱ ζῶντες... ἀντὶ τῆς τῶν ζώντων. Tout cela est très élégant; mais l'affection est évidente.
6. Κατὰ φύσιν, d'après la nature, c'est-à-dire en suivant la marche de la nature. La phrase est curieusement construite, et de façon qu'il est impossible de la rendre mot à mot en français;

la proposition . ὥσπερ ἀγαθοὶ ἐγένοντο n'est qu'une explication de κατὰ φύσιν; mais ὥσπερ appelle sur les lèvres de l'orateur un οὕτω καί qui établit une opposition fictive et bouleverse la construction naturelle, qui serait : δοκεῖ μοι χρῆναι ἐπαινεῖν αὐ- τοὺς κατὰ φύσιν, ὥσπερ ἀγαθοὶ ἐγένοντο. C'est une de ces tournures illogiques, mais frappantes, qu'affectionne le style oratoire.
7. Remarquez la symétrie : ἀγα- θοί... ἀγαθῶν. — Ἀγαθοὶ δ' ἐγέ- νοντο... τὴν εὐγένειαν οὖν πρῶ- τον. Ces divisions fortement marquées sentent la rhétorique.
8. Τροφήν τε καὶ παιδείαν. Τροφή, aussi bien que παιδεία, doit être pris ici dans le sens moral.
9. Τὴν τῶν ἔργων πρᾶξιν : la manière dont ils ont agi. — Τού- των retombe à la fois sur εὐγέ- νειαν, τροφήν, παιδείαν.

VI. « Τῆς δ’ εὐγενείας πρῶτον[1] ὑπῆρξε τοῖσδε ἡ τῶν προγόνων γένεσις οὐκ ἔπηλυς[2] οὖσα, οὐδὲ τοὺς ἐκγόνους τούτους ἀποφηναμένη μετοικοῦντας ἐν τῇ χώρᾳ ἄλλοθεν σφῶν[3] ἡκόντων, ἀλλ’ αὐτόχθονας[4] καὶ τῷ ὄντι[5] ἐν πατρίδι οἰκοῦντας[6] καὶ ζῶντας, καὶ τρεφομένους οὐχ ὑπὸ μητρυιᾶς ὡς οἱ ἄλλοι, ἀλλ’ ὑπὸ μητρὸς τῆς χώρας ἐν ᾗ ᾤκουν, καὶ νῦν κεῖσθαι τελευτήσαντας ἐν οἰκείοις τόποις τῆς τεκούσης καὶ θρεψάσης καὶ ὑποδεξαμένης[7]. Δικαιότατον δὴ[8] κοσμῆσαι[9] πρῶτον τὴν μητέρα αὐτήν· οὕτω γὰρ συμβαίνει ἅμα καὶ ἡ τῶνδε εὐγένεια κοσμουμένη[10].

1. Πρῶτον retombe sur τῆς εὐγενείας. — Ἄλλοθεν σφῶν ἡκόντων : génitif absolu. — Καὶ νῦν κεῖσθαι : on attendrait régulièrement κειμένους; mais l'orateur, sans doute pour relever sa phrase, trop chargée de participes, a introduit cet infinitif qui n'est régi par rien. D'ailleurs la construction de cette phrase importe peu : tout l'effet qu'elle produit est dans l'accumulation des mots représentant les idées de *patrie* et de *mère*.

2. Ἔπηλυς est un mot poétique. Comparez avec τὴν εἱμαρμένην πορείαν du début, plus loin πηγὰς τροφῆς, etc. Une des particularités du style de ce discours est évidemment la recherche des mots et tournures poétiques.

3. Σφῶν : réfléchi indirect. Il renvoie au sujet de la proposition principale (ou plutôt ici au sujet personnel contenu dans ἡ τῶν προγόνων γένεσις).

4. Αὐτόχθονας. Cf. Thucydide, I, 2 : τὴν γοῦν Ἀττικήν... ἄνθρωποι ᾤκουν οἱ αὐτοὶ ἀεί. — Cette prétention des Athéniens n'a d'ailleurs aucun fondement; mais ils croyaient fermement à leur qualité d'*autochtones*, dont ils étaient très fiers. On y trouve des allusions dans maint passage de leurs écrivains.

5. Τῷ ὄντι, en réalité.

6. Remarquez les jeux de mots μετοικοῦντας ... οἰκοῦντας, — μητρυιᾶς... μητρός.

7. Ὑποδεξαμένης, qui les a reçus dans son sein après leur mort.

8. Δή a toute sa force : en conséquence, ainsi donc.

9. Κοσμῆσαι, *ornare*; le français *célébrer* ne traduit qu'imparfaitement.

10. Συμβαίνει ... κοσμουμένη. C'est la construction personnelle,

VII. « Ἔστι δὲ ἀξία ἡ χώρα¹ καὶ ὑπὸ πάντων ἀνθρώπων ἐπαινεῖσθαι, οὐ μόνον ὑφ᾽ ἡμῶν², πολλαχῇ μὲν καὶ ἄλλῃ³, πρῶτον δὲ καὶ μέγιστον⁴ ὅτι τυγχάνει οὖσα θεοφιλής⁵. Μαρτυρεῖ δὲ ἡμῶν τῷ λόγῳ ἡ τῶν ἀμφισβητησάντων περὶ αὐτὴν θεῶν⁶ [D ἔρις τε καὶ κρίσις· ἣν δὴ θεοὶ ἐπήνεσαν, πῶς οὐχ ὑπ᾽ ἀνθρώπων γε ξυμπάντων δικαία⁷ ἐπαινεῖσθαι; Δεύτερος δὲ ἔπαινος δικαίως ἂν αὐτῆς εἴη, ὅτι ἐν ἐκείνῳ τῷ χρόνῳ, ἐν ᾧ ἡ πᾶσα γῆ ἀνεδίδου καὶ ἔφυε ζῷα παντοδαπά, θηρία τε καὶ βοτά, ἐν τούτῳ ἡ ἡμετέρα θηρίων μὲν ἀγρίων⁸ ἄγονος⁹ καὶ καθαρὰ

---

avec le participe. On l'emploie, quand il y a lieu, de préférence à l'impersonnel.

1. Ἡ χώρα. L'article a ici une signification très forte, à la fois démonstrative et possessive : « ce pays qui est le nôtre ».

2. Καὶ ὑπὸ πάντων... οὐ μόνον ὑφ᾽ ἡμῶν: la construction inverse est plus ordinaire : οὐ μόνον... ἀλλὰ καί.

3. Πολλαχῇ μὲν καὶ ἄλλῃ : pour beaucoup d'autres raisons.

4. Πρῶτον δὲ καὶ μέγιστον. Μέγιστον, au lieu de μάλιστα qu'on attendrait, est sans doute amené par la forme neutre πρῶτον.

5. Θεοφιλής. Aux yeux des anciens, en effet, le fait d'être aimé des dieux passait, non seulement pour un bonheur, mais pour un mérite.

6. Τῶν ἀμφισβητησάντων θεῶν: la dispute d'Athéna et de Poséidon

et le jugement de Cécrops. Le dieu et la déesse prétendaient chacun à l'honneur de donner leur nom à la cité. Cet honneur devait échoir à celui des deux qui ferait aux hommes le don le plus utile. Poséidon créa le cheval, Athéna l'olivier. Ce fut la déesse qui l'emporta. — Ἡ... ἔρις τε καὶ κρίσις. L'article n'est pas répété devant κρίσις; les deux faits, de la dispute et du jugement, en soi distincts, ne sont considérés ici que comme un seul événement, preuve de l'amour des dieux pour l'Attique.

7. Δικαία ἐπαινεῖσθαι... ἔπαινος δικαίως : répétition dans l'ordre inverse : figure de rhétorique appelée *chiasme*.

8. Θηρίων ἀγρίων : bêtes sauvages et féroces.

9. Ἄγονος καὶ καθαρά...: ἄγονος suffisait ; καθαρά répète l'idée d'une façon prétentieuse.

ἐφάνη, ἐξελέξατο¹ δὲ τῶν ζῴων καὶ ἐγέννησεν²
ἄνθρωπον, ὃ συνέσει τε ὑπερέχει τῶν ἄλλων καὶ
E] δίκην καὶ θεοὺς μόνον⁵ νομίζει. Μέγα δὲ τεκμήριον⁴
τούτῳ τῷ λόγῳ, ὅτι ἥδε ἔτεκεν ἡ γῆ τοὺς τῶνδέ τε
καὶ ἡμετέρους προγόνους· πᾶν γὰρ τὸ τεκὸν τροφὴν
ἔχει ἐπιτηδείαν ᾧ⁵ ἂν τέκη· ᾧ⁶ καὶ γυνὴ δήλη⁷
τεκοῦσά τε ἀληθῶς καὶ μὴ, ἀλλ' ὑποβαλομένη, ἐὰν
μὴ ἔχη πηγὰς τροφῆς⁸ τῷ γενομένῳ. Ὁ δὴ⁹ καὶ ἡ
ἡμετέρα γῆ τε καὶ μήτηρ ἱκανὸν τεκμήριον παρ-
έχεται ὡς ἀνθρώπους γεννησαμένη¹⁰· μόνη γὰρ ἐν
238] τῷ τότε καὶ πρώτη τροφὴν ἀνθρωπείαν ἤνεγκεν τὸν
τῶν πυρῶν καὶ κριθῶν καρπόν, ᾧ κάλλιστα καὶ ἄρι-
στα¹¹ τρέφεται τὸ ἀνθρώπειον γένος, ὡς τῷ ὄντι

1. Ἐξελέξατο, moyen : elle a
choisi pour elle.
2. Ἐγέννησεν ἄνθρωπον. Selon
la tradition, l'ancêtre des Athéniens, Érichthonios, était né de la
Terre.
3. Μόνον retombe sur ὃ : l'homme est le seul animal qui recon-
naisse qu'il y a des dieux.
4. Μέγα δὲ τεκμήριον τούτῳ
τῷ λόγῳ : formule oratoire très
employée; de même que plus
haut : μαρτυρεῖ δὲ ἡμῶν.
5. Ὧι. Pour la règle d'attraction, voyez Croiset, § 374.
6. Ὧι καὶ γυνή... : ᾧ a pour antécédent la phrase πᾶν γάρ, mais
est expliqué aussi par la proposition ἐὰν μὴ ἔχη.
7. Γυνὴ δήλη, etc., mot à mot :
une femme est reconnaissable
comme ayant enfanté vraiment

et (c.-à-d. ou) comme n'ayant
pas enfanté, mais voulant supposer un enfant.
8. Πηγὰς τροφῆς : périphrase
poétique assez inutile, même un
peu ridicule.
9. Δή : or; καί : elle aussi....
10. Τεκμήριον ὡς γεννησαμένη :
elle fournit une preuve qu'elle a
véritablement donné naissance
aux hommes. — Τροφὴν ἀνθρωπείαν, apposition à τὸν καρπόν.
11. Κάλλιστα καὶ ἄριστα. On ne
peut établir ici une réelle différence de sens entre ces deux mots;
c'est une redondance oratoire; de
plus, les deux mots ont la même
terminaison et forment une as-
sonance; c'est un effet très recherché par les rhéteurs; ce discours en contient une foule
d'exemples.

τοῦτο¹ τὸ ζῷον αὐτὴ γεννησαμένη. Μᾶλλον δὲ ὑπὲρ²
γῆς ἢ γυναικὸς προσήκει δέχεσθαι τοιαῦτα τεκμή-
ρια· οὐ γὰρ γῆ γυναῖκα μεμίμηται κυήσει καὶ
γεννήσει, ἀλλὰ γυνὴ γῆν. Τούτου δὲ τοῦ καρποῦ
οὐκ ἐφθόνησεν³, ἀλλ᾽ ἔνειμεν καὶ τοῖς ἄλλοις⁴· μετὰ
δὲ τοῦτο ἐλαίου γένεσιν⁵, πόνων ἀρωγὴν⁶, ἀνῆκεν
τοῖς ἐκγόνοις· θρεψαμένη δὲ καὶ αὐξήσασα⁷ πρὸς
ἥβην ἄρχοντας⁸ καὶ διδασκάλους αὐτῶν θεοὺς ἐπ- [B
ηγάγετο· ὧν τὰ μὲν ὀνόματα⁹ πρέπει ἐν τῷ τοιῷδε
ἐᾶν· ἴσμεν γάρ¹⁰· οἱ τὸν βίον ἡμῶν κατεσκεύασαν

1. Ὡς τῷ ὄντι τοῦτο, etc. Cette proposition rattachée par le lien assez lâche de ὡς à la phrase qui précède, lui sert de conclusion : « et voilà la preuve que c'est bien elle qui a créé cet animal ». — Ὡς : m. à m. : « comme quelqu'un qui ».

2. Ὑπὲρ γῆς ἢ γυναικός. Remarquez l'absence de l'article (cf. Croiset, § 587). — Ὑπέρ : à propos de. Cette phrase antithétique est parfaitement creuse.

3. Τοῦ καρποῦ οὐκ ἐφθόνησεν : elle n'a pas été avare de ses fruits. — Τούτου τοῦ καρποῦ désigne évidemment τὸν τῶν πυρῶν καὶ κριθῶν. Pour que la phrase οὐκ ἐφθόνησεν ἀλλ᾽ ἔνειμε ait un sens satisfaisant, il faut sous-entendre comme sujet à ἐφθόνησεν, non point le terme général γῆ, mais le ἡ ἡμετέρα γῆ de plus haut.

4. Καὶ τοῖς ἄλλοις. Ceci serait une flatterie mensongère. Jamais l'Attique n'a produit assez de blé pour sa consommation; elle était

obligée d'en interdire l'exportation et de compléter ses approvisionnements par des importations du Bosphore et du Pont-Euxin. Mais Platon peut avoir voulu dire seulement que l'Attique a initié les autres pays à la culture du blé.

5. Ἐλαίου γένεσιν : périphrase inutile.

6. Πόνων ἀρωγήν : allusion à l'huile dont s'enduisaient les Grecs s'exerçant à la palestre.

7. Θρεψαμένη δὲ καὶ αὐξήσασα : sous-entendez αὐτούς.

8. Ἄρχοντας : Athéna, Héphaistos, Arès, les dieux bienfaiteurs de l'Attique.

9. Ὧν τὰ μὲν ὀνόματα. Rien ne répond à ce μέν, et la phrase n'est pas continuée symétriquement.

10. Ἴσμεν γάρ, sans doute; mais cette réticence était inutile et lourde : πρέπει ἐν τῷ τοιῷδε ἐᾶν. — Ἐν τῷ τοιῷδε : dans une circonstance comme celle-ci.

πρός τε τὴν καθ' ἡμέραν δίαιταν[1] τέχνας[2] πρώτους
παιδευσάμενοι, καὶ πρὸς τὴν ὑπὲρ τῆς χώρας φυλα-
κὴν ὅπλων κτῆσίν τε καὶ χρῆσιν διδαξάμενοι[3].

VIII. « Γεννηθέντες δὲ καὶ παιδευθέντες[4] οὕτως
οἱ τῶνδε πρόγονοι ᾤκουν[5] πολιτείαν[6] κατασκευασά-
μενοι, ἧς ὀρθῶς ἔχει[7] διὰ βραχέων ἐπιμνησθῆναι.
c] Πολιτεία[8] γὰρ τροφὸς ἀνθρώπων ἐστίν, καλὴ μὲν
ἀγαθῶν, ἡ δ' ἐναντία κακῶν[9]. Ὡς οὖν[10] ἐν καλῇ
πολιτείᾳ ἐτράφησαν οἱ πρόσθεν ἡμῶν, ἀναγκαῖον[11]

1. Τὴν καθ' ἡμέραν δίαιταν, la subsistance quotidienne (καθ' ἡμέραν, jour par jour); κατά a ce sens distributif dans un certain nombre d'expressions.

2. Τέχνας. C'est Héphaistos; φυλακήν regarde Athéna et Arès.

3. Κτῆσίν τε καὶ χρῆσιν διδαξάμενοι, leur ayant appris à se procurer des armes et à s'en servir. Ces deux mots se rencontrent souvent ainsi joints : κτῆσις est proprement le fait de posséder, et χρῆσις l'usage qu'on fait de la chose possédée; comparez : κτῆμα, chose possédée, χρῆμα, chose dont on se sert.

4. Γεννηθέντες ... παιδευθέντες... τροφός. Les divisions annoncées sont observées et fortement marquées.

5. Ὤκουν.... — Οἰκέω-ῶ, quand il s'agit d'un État, doit s'entendre : se gouverner, s'administrer.

6. Πολιτείαν, proprement : une constitution.

7. Ὀρθῶς ἔχει, il est convenable. — Διὰ βραχέων, sous-entendez λόγων.

8. Πολιτεία sujet, τροφός attribut.

9. Ἀγαθῶν... κακῶν sont ici, non pas épithètes de ἀνθρώπων, mais attributs. La constitution est ce qui fait vivre les hommes; quand elle est bonne, les hommes qu'elle produit sont vertueux, quand elle n'est pas bonne, elle ne produit que des méchants. — La phrase est habilement balancée; le ἡ δ' ἐναντία fait une antithèse plus forte que φαύλη δέ. Ainsi il n y a pas symétrie exacte, mais au contraire asymétrie, suivant le procédé constant des sophistes : donner à toute phrase non antithétique l'apparence d'une antithèse; dans une antithèse réelle opposer des membres non semblables.

10. Ὡς οὖν. Le raisonnement se poursuit avec une régularité qui n'est pas sans lourdeur. Construisez : ἀναγκαῖον οὖν δηλῶσαι ὡς.

11. Ἀναγκαῖον, cela est nécessaire : pourquoi? « parce qu'une bonne constitution étant la garantie de la valeur des citoyens,

δηλῶσαι, δι' ἣν δὴ κάκεῖνοι ἀγαθοί[1] καὶ οἱ νῦν εἰσιν, ὧν[2] οἵδε τυγχάνουσιν ὄντες οἱ τετελευτηκότες. Ἡ γὰρ αὐτὴ[3] πολιτεία καὶ τότε ἦν καὶ νῦν, ἀριστοκρατία[4], ἐν ᾗ[5] νῦν τε πολιτευόμεθα καὶ τὸν ἀεὶ χρόνον ἐξ ἐκείνου ὡς τὰ πολλά[6]. Καλεῖ δὲ ὁ μὲν αὐτὴν δημοκρατίαν, ὁ δὲ ἄλλο, ᾧ ἂν χαίρῃ· ἔστιν δὲ τῇ ἀληθείᾳ μετ' εὐδοξίας πλήθους[7] ἀριστοκρατία. Βασιλῆς[8] μὲν γὰρ ἀεὶ ἡμῖν εἰσιν· οὗτοι δὲ τοτὲ μὲν D

nous prouverons ainsi la valeur de nos concitoyens, ceux d'autrefois comme ceux de maintenant (δι' ἣν... ἀγαθοί... εἰσίν), et par suite, ce que nous nous proposions, la valeur de ceux qui sont morts (ὧν οἵδε, etc.). »

1. Ἀγαθοί, sous-entendez ἦσαν. — Οἱ τετελευτηκότες, placé ainsi à la fin de la phrase, en apposition à οἵδε, en renforce le sens démonstratif.

2. Ὧν... — Οἱ νῦν signifie donc, non pas ceux qui sont vivants, mais seulement : les contemporains.

3. Ἡ γὰρ αὐτή, etc. Ces affirmations sont manifestement fausses. Il faut prendre ceci comme une plaisanterie de Platon, qui prend, par la bouche de son rhéteur, un ton grave d'historien, pour nous expliquer, non pas ce qu'Athènes a été, mais ce qu'elle aurait dû être.

4. Ἀριστοκρατία. Ce n'est pas le gouvernement de quelques nobles (ὀλιγαρχία), mais le gouvernement des meilleurs, sans distinction de classe. C'est un principe cher à Platon, qui voulait que

les seuls philosophes eussent les charges publiques. Mais quand on songe aux démagogues qui ont souvent conduit les affaires d'Athènes, on peut deviner ici quelque ironie.

5. Ἐν ᾗ νῦν τε, etc. Cette proposition ne fait guère que répéter la précédente : ἡ αὐτὴ πολιτεία καὶ τότε ἦν καὶ νῦν.... Platon appuie ironiquement.

6. Ὡς τὰ πολλά. Parce que la constitution athénienne a été momentanément renversée à certaines époques, sous les Trente, par exemple.

7. Μετ' εὐδοξίας πλήθους. Εὐδοξία. non pas simplement la volonté favorable du peuple, mais la « justesse de son jugement » qui lui fait choisir les meilleurs. C'est en effet le sens que Platon donne à ce mot dans un passage du Ménon.

8. Βασιλῆς. Il faut prendre le mot dans un double sens, avec allusion d'une part aux premiers rois d'Athènes, de l'autre à l'archonte roi, qui a hérité de leur titre. Platon énonce ici une vérité particulière, qui annonce et sym-

ἐκ γένους, τοτὲ δὲ αἱρετοί · ἐγκρατὲς δὲ τῆς πόλεως
τὰ πολλὰ τὸ πλῆθος, τὰς δὲ ἀρχὰς δίδωσι καὶ κρά-
τος τοῖς ἀεὶ¹ δόξασιν ἀρίστοις εἶναι, καὶ οὔτε ἀσθε-
νείᾳ² οὔτε πενίᾳ οὔτ' ἀγνωσίᾳ³ πατέρων ἀπελήλαται⁴
οὐδεὶς οὐδὲ τοῖς ἐναντίοις τετίμηται ὥσπερ ἐν ἄλλαις
πόλεσιν, ἀλλὰ εἰς ὅρος, ὁ δόξας⁵ σοφὸς ἢ ἀγαθὸς
E] εἶναι κρατεῖ⁶ καὶ ἄρχει· αἰτία δὲ ἡμῖν τῆς πολιτείας
ταύτης ἡ ἐξ ἴσου γένεσις. Αἱ μὲν γὰρ ἄλλαι πόλεις
ἐκ παντοδαπῶν κατεσκευασμέναι ἀνθρώπων εἰσὶ καὶ
ἀνωμάλων⁷, ὥστε αὐτῶν ἀνώμαλοι καὶ αἱ πολιτεῖαι,

---

bolise, pour ainsi dire, la vérité
générale, contenue dans la phrase
suivante : ἐγκρατὲς δέ.

1. Τοῖς ἀεὶ δόξασιν ἀρίστοις.
Ceci vise les démagogues ambi-
tieux et intéressés à qui Athènes,
du vivant de Platon, avait plus
d'une fois confié le pouvoir. Et
quant à cette souveraineté de la
masse, Platon savait bien qu'elle
n'était qu'illusoire.

2. Οὔτε ἀσθενείᾳ, οὔτε πενίᾳ.
Ce n'est pas tout à fait exact. Les
infirmes n'exerçaient pas tous les
droits politiques, pas plus que les
citoyens qui possédaient moins
de trois mines. C'est encore une
des erreurs volontaires dont ce
panégyrique des Athéniens est
semé.

3. Ἀγνωσίᾳ πατέρων. Il faut
comprendre, suivant le sens ordinaire du mot, « le fait qu'on
ignore leurs parents »; le mot
ἀγνωσία ne se rencontre pas avec
le sens passif de « état obscur ».
Toutefois, il ne s'agit pas ici, bie

entendu, des personnes de naissance illégitime, qui n'avaient pas
les droits de citoyen, mais seulement des personnes de naissance
obscure.

4. Ἀπελήλαται. Le parfait exprime ici l'idée d'habitude.

5. Ἀλλὰ εἰς ὅρος, ὁ δόξας. Toute
la proposition ὁ δόξας développe
εἰς ὅρος.

6. Rapprochez : ἀρχὰς καὶ κρά-
τος... κρατεῖ καὶ ἄρχει.

7. Il y a ici comme un jeu sur
le mot ἀνώμαλος, qui, appliqué
d'abord à des hommes, signifie :
« qui est d'une espèce différente »,
— et s'appliquant aux constitu-
tions, signifie ensuite : « qui contient des différences, des inégali-
tés ». La recherche de la symétrie
est d'ailleurs évidente dans tout
ce passage (ἔνιοι μὲν δούλους, οἱ
δὲ δεσπότας ἀλλήλους... ἡμεῖς
δὲ οὐκ ἀξιοῦμεν δοῦλοι οὐδὲ δεσπόται ἀλλήλων εἶναι... — ἡ ἰσογονία ἡ κατὰ φύσιν — ἰσονομίαν
κατὰ νόμον).

τυραννίδες τε καὶ ὀλιγαρχίαι· οἰκοῦσιν¹ οὖν ἔνιοι²
μὲν δούλους, οἱ δὲ δεσπότας ἀλλήλους νομίζοντες·
ἡμεῖς δὲ καὶ οἱ ἡμέτεροι⁵, μιᾶς μητρὸς πάντες ἀδελ- [239
φοὶ φύντες, οὐκ ἀξιοῦμεν δοῦλοι οὐδὲ δεσπόται
ἀλλήλων εἶναι, ἀλλ' ἡ ἰσογονία ἡμᾶς ἡ κατὰ φύσιν
ἰσονομίαν ἀναγκάζει ζητεῖν κατὰ νόμον, καὶ μηδενὶ
ἄλλῳ⁴ ὑπείκειν ἀλλήλοις ἢ ἀρετῆς δόξῃ καὶ φρο-·
νήσεως.

IX. « Ὅθεν δὴ⁵ ἐν πάσῃ ἐλευθερίᾳ τεθραμμένοι
οἱ τῶνδε πατέρες καὶ ἡμέτεροι καὶ αὐτοὶ οὗτοι, καὶ
καλῶς φύντες, πολλὰ δὴ⁶ καὶ καλὰ ἔργα ἀπεφήναντο εἰς⁷ πάντας ἀνθρώπους καὶ ἰδίᾳ καὶ δημοσίᾳ, [B
οἰόμενοι δεῖν ὑπὲρ τῆς ἐλευθερίας καὶ Ἕλλησιν ὑπὲρ
Ἑλλήνων μάχεσθαι καὶ βαρβάροις ὑπὲρ ἁπάντων
τῶν Ἑλλήνων. Εὐμόλπου⁸ μὲν οὖν καὶ Ἀμαζό-

1. Οἰκοῦσιν. Voir p. 258 B.
2. Ἔνιοι. Les premiers sont en effet les moins nombreux. — Δού-λους n'est pas l'équivalent de ἀν-δράποδα; il s'agit ici, non pas d'esclaves à proprement parler, mais de sujets.
3. Ἡμεῖς δὲ καὶ οἱ ἡμέτεροι. Après ἡμεῖς, οἱ ἡμέτεροι semble au moins superflu. Et de même ἀδελφοί après μιᾶς μητρός. — Remarquez les effets : ἰσογονία... ἰσονομίαν, — κατὰ φύσιν... κατὰ νόμον.
4. Ἀλλήλοις est ici le véritable datif; μηδενὶ ἄλλῳ doit s'entendre dans un sens causal : « pour au-cune autre raison ».
5. Ὅθεν δή..., « voilà pour-

quoi »; mais les propositions sui-vantes, τεθραμμένοι ... φύντες, reprennent encore, en les résu-mant, les arguments exposés plus haut.
6. Πολλὰ δή. Emploi tout ora-toire de δή, pour reprendre la phrase avec force après la paren-thèse qui précède.
7. Εἰς πάντας ἀνθρώπους, sens particulier de εἰς : en vue de, de-vant.
8. Εὐμόλπου μὲν οὖν. Pour l'histoire d'Eumolpe, cf. Thucy-dide, II, 15 : « Quelques peuples firent jadis la guerre aux Athé-niens, par exemple les Éleusiniens avec Eumolpe, contre Érechthée. » Euripide fit de la résistance hé-

νων[1] ἐπιστρατευσάντων ἐπὶ τὴν χώραν καὶ τῶν ἔτι προτέρων[2] ὡς ἠμύναντο[3], καὶ ὡς ἤμυναν Ἀργείοις[4] πρὸς Καδμείους καὶ Ἡρακλείδαις[5] πρὸς Ἀργείους, ὅ τε[6] χρόνος βραχὺς ἀξίως διηγήσασθαι, ποιηταί τε αὐτῶν ἤδη καλῶς τὴν ἀρετὴν ἐν μουσικῇ[7] ὑμνή-

roïque d'Érechthée le sujet d'une tragédie. Isocrate parle aussi de cet épisode d'Eumolpe dans son *Panégyrique*. C'était, à n'en pas douter, un de ces récits populaires qui sont dans toutes les mémoires.

1. Ἀμαζόνων. Les Amazones, dit la légende, parties du Pont, arrivèrent jusque dans l'Attique, et campèrent dans Athènes. Thésée les vainquit et en délivra sa patrie. Il n'est peut-être pas un orateur athénien qui n'ait fait allusion à ce souvenir, très populaire aussi.

2. Τῶν ἔτι προτέρων. On ne sait au juste de qui Platon veut parler.

3. Ἠμύναντο... ἤμυναν. La différence de sens des deux voix est ici bien nette; le moyen ἀμύνεσθαι est pris dans le sens réfléchi (ce qui est plutôt une exception; cf. Croiset, § 539, Rem.).

4. Ἀργείοις. Cf. Hérodote, IX, 27 : « Quand les Argiens, après avoir suivi Polynice pour attaquer Thèbes, périrent et restèrent sans sépulture, nous levâmes une armée, et nous nous faisons gloire d'avoir enlevé les morts aux Cadméens et de les avoir inhumés sur le territoire d'Éleusis. »

5. Ἡρακλείδαις. On sait que les Grecs appelaient « retour des Héraclides » le grand mouvement qui poussa à plusieurs reprises les Doriens vers le Péloponnèse. Cf. Hérodote, IX, 27 : « Les Héraclides, d'abord chassés par tous les Grecs auxquels ils demandaient un refuge, après s'être soustraits à la domination de Mycènes, trouvèrent aide et protection auprès de nous seuls (Athéniens); nous avons réprimé l'insolence d'Eurysthée, et, nous joignant aux Héraclides, nous avons vaincu ceux qui possédaient alors le Péloponnèse. »

6. Ὅ τε χρόνος βραχύς... διηγήσασθαι. Logiquement, on attendrait le comparatif avec ἤ ὥστε : « notre temps est trop court pour... ». Mais souvent dans ce cas on sous-entend ὥστε, ou même, comme ici, on met l'adjectif au positif, avec l'infinitif sans ἤ (cf. Croiset, *Gr. gr.*, § 505); βραχύς est construit ici comme ἕτοιμος, ou ἱκανός).

7. Ἐν μουσικῇ doit s'entendre, non seulement des vers lyriques, mais de toute espèce de vers. Car ce sont surtout les poètes dramatiques qui ont mis à profit ces anciennes légendes de la guerre contre Thèbes et du retour des Héraclides.

σαντες εἰς πάντας μεμηνύκασιν· ἐὰν οὖν ἡμεῖς ἐπι- [c
χειρῶμεν τὰ αὐτὰ λόγῳ ψιλῷ[1] κοσμεῖν, τάχ᾽ ἂν
δεύτεροι φαινοίμεθα. Ταῦτα μὲν οὖν διὰ ταῦτα[2]
δοκεῖ μοι ἐᾶν, ἐπειδὴ καὶ ἔχει τὴν ἀξίαν· ὧν δὲ
οὔτε ποιητής[3] πω δόξαν ἀξίαν ἐπ᾽ ἀξίοις[4] λαβὼν
ἔχει, ἔτι τέ ἐστιν[5] ἐν μνηστείᾳ[6], τούτων πέρι[7] μοι
δοκεῖ χρῆναι ἐπιμνησθῆναι ἐπαινοῦντά τε καὶ προ-
μνώμενον ἄλλοις ἐς ᾠδάς τε[8] καὶ τὴν ἄλλην ποίησιν
αὐτὰ θεῖναι πρεπόντως[9] τῶν πραξάντων. Ἔστιν δὲ[10]

1. Λόγῳ ψιλῷ, sermo pedestris.
2. Ταῦτα μὲν οὖν... ἐὰν...,
« nous n'avons pas à parler... ».
Mais il vient d'en parler suffisamment. C'est un procédé oratoire
bien connu (prétérition). — Ταῦτα... διὰ ταῦτα. La répétition de
ταῦτα est voulue : c'est un effet
de pure forme, qui ne répond à
aucune nuance du sens : voilà un
de ces mauvais artifices de rhéteur.

3. Οὔτε ποιητής..., ἔτι τε. —
Οὔτε... τε correspond exactement
au latin neque... et. — Mais les
Perses d'Eschyle? Cette distinction ταῦτα μὲν... ὧν δὲ est tout à
fait arbitraire, et n'est qu'un artifice oratoire.

4. Δόξαν ἀξίαν ἐπ᾽ ἀξίοις....
Pointe à peu près intraduisible,
et d'ailleurs d'un goût contestable.
Il faut comprendre : ces poètes
n'ont pas su acquérir une renom-
mée digne des sujets qui pouvaient
leur en procurer beaucoup.

5. Ἔτι τί ἐστιν. Régulièrement,
le relatif étant dans la proposition
précédente au génitif, il faudrait

le répéter ici au nominatif : ἅ.
Cette omission en pareil cas est
fréquente.

6. Ἐν μνηστείᾳ. Ces sujets sont
encore proposés à l'ambition des
poètes, comparés à des préten-
dants, par une métaphore qui frise
le mauvais goût. — Προμνώμε-
νον... προμνᾶσθαι, action d'un
intermédiaire qui propose un ma-
riage; l'orateur continue la métaphore.

7. Τούτων πέρι. Πέρι est ainsi
accentué à cause de sa place après
son régime. Cette tournure est
fréquente en poésie; mais Platon
l'emploie volontiers.

8. Ἐς ᾠδάς τε καὶ τὴν ἄλλην
ποίησιν, la poésie lyrique, et toute
espèce de poésie.

9. Πρεπόντως τῶν πραξάντων.
Le verbe πρέπειν, et par suite
l'adverbe πρεπόντως, sont géné-
ralement suivis du datif. L'influence de l'adverbe ἀξίως, de
sens presque identique, et qui est
suivi du génitif, a sans doute
amené cette irrégularité.

10. Ἔστιν δέ. Un des nombreux

D] τούτων ὧν[1] λέγω πρῶτα· Πέρσας[2] ἡγουμένους τῆς
Ἀσίας καὶ δουλουμένους τὴν Εὐρώπην ἔσχον[3] οἱ
τῆσδε τῆς χώρας ἔκγονοι[4], γονῆς δὲ ἡμέτεροι, ὧν
καὶ δίκαιον καὶ χρὴ[5] πρῶτον μεμνημένους ἐπαινέσαι αὐτῶν τὴν ἀρετήν. Δεῖ δὴ αὐτὴν ἰδεῖν[6], εἰ
μέλλει τις καλῶς ἐπαινεῖν, ἐν ἐκείνῳ τῷ χρόνῳ
γενόμενον λόγῳ, ὅτε πᾶσα μὲν[7] ἡ Ἀσία ἐδούλευε
τρίτῳ ἤδη βασιλεῖ[8], ὧν ὁ μὲν πρῶτος Κῦρος ἐλευ-
θερώσας Πέρσας τοὺς αὐτοῦ πολίτας τῷ αὐτοῦ φρο-
E] νήματι[9] ἅμα καὶ τοὺς δεσπότας Μήδους ἐδουλώσατο

exemples qui démontrent la faus-
seté de cette règle : que le ν dit
euphonique s'emploie pour éviter
l'hiatus.

1. Ὧν λέγω : attraction régu-
lière. — Πρῶτα : on attendrait un
démonstratif, comme τάδε.

2. Πέρσας ἡγουμένους τῆς Ἀ-
σίας καὶ δουλουμένους τὴν Εὐρώπην. L'orateur se complait dans
ces expressions vagues et magni-
fiques.

3. Ἔσχον, c'est-à-dire κατέ-
σχον, ἐκώλυσαν. — Δουλουμένους
exprime donc moins un fait qu'une
intention.

4. Remarquez le rapprochement : ἔκγονοι, γονῆς.

5. Ὧν doit être entendu au pluriel neutre, — sans quoi αὐτῶν
serait un pléonasme choquant. —
Καὶ δίκαιον καὶ χρή : « il est
juste, — et c'est pour moi une
obligation de.... »

6. Ἰδεῖν peut s'employer aussi
dans le sens figuré de : considé-
rer, — et λόγος, dans le sens
abstrait de : raisonnement, est

fréquent, surtout chez Platon. Le
sens est donc celui-ci : pour louer
convenablement ce courage de
nos ancêtres, il faut que l'orateur
se soit transporté par la pensée
dans ce temps, où, etc.... Le sujet
de ἰδεῖν est un indéfini sous-entendu, auquel se rapporte l'accusatif γενόμενον.

7. Πᾶσα μὲν.... Le corrélatif de
ce μέν est plus bas : αἱ δὲ γνῶμαι... ἁπάντων.

8. Τρίτῳ ἤδη βασιλεῖ, à un roi
qui était déjà le troisième. Ceci
n'a d'autre utilité que d'amener
le petit développement historique : ὧν ὁ μέν, etc.

9. Τῷ αὐτοῦ φρονήματι. Les
uns rapportent ces mots à ἐλευ-
θερώσας et traduisent : « ayant
délivré les Perses, ses concitoyens,
par la force de son esprit, » —
c'est-à-dire par son génie, etc. —
Les autres les rapportent à ἐδουλώσατο et traduisent : « il soumit
en même temps à sa volonté les
Mèdes, leurs maîtres ». Dans un
sens comme dans l'autre, l'op-

καὶ τῆς ἄλλης Ἀσίας[1] μέχρι Αἰγύπτου ἦρξεν, ὁ δὲ ὑὸς[2] Αἰγύπτου τε καὶ Λιβύης ὅσον οἷόν τ᾽ ἦν ἐπιβαίνειν[3], τρίτος δὲ Δαρεῖος πεζῇ μὲν μέχρι Σκυθῶν τὴν ἀρχὴν ὡρίσατο, ναυσὶ δὲ τῆς τε θαλάττης ἐκράτει[4] καὶ τῶν νήσων[5], ὥστε μηδὲ ἀξιοῦν[6] ἀντί- [240 παλον αὐτῷ μηδένα εἶναι· αἱ δὲ γνῶμαι δεδουλωμέναι ἀπάντων ἀνθρώπων ἦσαν[7]· οὕτω πολλὰ καὶ. μεγάλα καὶ μάχιμα γένη καταδεδουλωμένη ἦν[8] ἡ Περσῶν ἀρχή.

X. « Αἰτιασάμενος δὲ Δαρεῖος ἡμᾶς τε καὶ Ἐρετριᾶς Σάρδεσιν[9] ἐπιβουλεῦσαι προφασιζόμενος, πέμψας μυριάδας μὲν πεντήκοντα[10] ἔν τε πλοίοις καὶ

position : τοὺς αὐτοῦ πολίτας — τῷ αὐτοῦ φρονήματι est vide et de mauvais goût.

1. Τῆς ἄλλης Ἀσίας, le reste de l'Asie.

2. Ὁ δὲ ὑὸς, Cambyse.

3. Ὅσον οἷον τ᾽ ἦν ἐπιβαίνειν, toute l'étendue de la Libye qu'il fut possible..., etc.

4. Ὡρίσατο... ἐκράτει.... Cette différence de temps est intentionnelle.

5. Τῶν νήσων, les îles de la côte d'Asie Mineure. De même τῆς θαλάττης désigne la mer Égée.

6. Μηδὲ ἀξιοῦν, on n'en avait même pas l'idée.... Le sujet est μηδένα.

7. Δεδουλωμέναι... ἦσαν. On ne s'explique guère ce plus-que-parfait périphrastique au lieu du simple ἐδεδούλωντο, si ce n'est pour accentuer encore cette idée que les esprits étaient — ou sem-blaient — à jamais esclaves, — ou pour une raison de rythme oratoire qu'il est difficile de saisir.

8. Καταδεδουλωμένη ἦν..., plus-que-parfait dans toute sa force : ce passé de victoires était pour les voisins des Perses une cause permanente d'effroi.

9. Σάρδεσιν ἐπιβουλεῦσαι. — Hérodote (V, 101) raconte que les Ioniens, voulant se révolter contre les Perses, obtinrent le secours des Athéniens ; une flotte transporta les troupes ioniennes jusqu'à Éphèse, d'où elles marchèrent sur Sardes, qu'elles prirent et brûlèrent. — L'orateur semble nier cet acte de violence.

10. Μυριάδας πεντήκοντα.... Les écrivains athéniens ont toujours exagéré le chiffre de l'armée perse ; notre orateur n'y manque pas.

B] ναυτὶν¹, ναῦς δὲ τριακοσίας, Δᾶτιν δὲ ἄρχοντα, εἶπεν ἥκειν ἄγοντα² Ἐρετριᾶς³ καὶ Ἀθηναίους, εἰ βούλοιτο τὴν ἑαυτοῦ κεφαλὴν ἔχειν· ὁ δὲ πλεύσας εἰς Ἐρέτριαν ἐπ' ἄνδρας, οἳ τῶν τότε Ἑλλήνων ἐν τοῖς εὐδοκιμώτατοι⁴ ἦσαν τὰ πρὸς τὸν πόλεμον⁵ καὶ οὐκ ὀλίγοι, τούτους ἐχειρώσατο μὲν ἐν τρισὶν ἡμέραις⁶, διηρευνήσατο δὲ αὐτῶν πᾶσαν τὴν χώραν, ἵνα μηδεὶς ἀποφύγοι, τοιούτῳ τρόπῳ· ἐπὶ τὰ ὅρια⁷ ἐλθόντες τῆς Ἐρετρικῆς οἱ στρατιῶται αὐτοῦ, ἐκ θαλάττης εἰς θάλατταν διαστάντες, ξυνάψαντες τὰς

C] χεῖρας διῆλθον ἅπασαν τὴν χώραν, ἵν' ἔχοιεν τῷ βασιλεῖ εἰπεῖν, ὅτι οὐδεὶς σφᾶς⁸ ἀποπεφευγὼς εἴη.

1. Ἔν τε πλοίοις καὶ ναυσίν. On trouve souvent τε placé ainsi, bien que l'usage soit plutôt d'écrire : ἐν πλοίοις τε. — Πλοίοις simples transports; ναυσί, vaisseaux longs. L'orateur insiste sur les ναῦς en indiquant leur nombre, parce que ce sont des navires de combat, plus utiles et redoutables que les transports.

2. Ἥκειν (cf. Croiset, ib. § 339) : ἥκω est en réalité un parfait, dont le sens précis est celui-ci : je suis venu, me voici. Ἥκειν signifie ici, non pas venir, mais revenir. — Ἄγοντα, emmenant prisonniers.

3. Ἐρετριᾶς. Cf. Croiset, ib. § 115, Remarque I et note 3.

4. Ἐν τοῖς εὐδοκιμώτατοι. Cette locution elliptique ἐν τοῖς est employée pour renforcer le superlatif : « les plus renommés parmi les plus renommés ».

5. Τὰ πρὸς τὸν πόλεμον, mot

à mot : « en ce qui concerne la guerre ».

6. Ἐν τρισὶν ἡμέραις. Hérodote dit : « Pendant six jours, les Perses donnèrent de vigoureux assauts, et des deux parts on essuya de grandes pertes : le septième jour, Euphorbe et Philarge, citoyens considérables de la ville, la livrèrent aux barbares ». — Mais notre orateur a intérêt à représenter la prise d'Érétrie par les Perses comme une victoire rapide et glorieuse, afin de mieux faire valoir la résistance courageuse des Athéniens.

7. Ἐπὶ τὰ ὅρια ἐλθόντες. Après τοιούτῳ, on s'attendrait à trouver, suivant l'usage, une conjonction, comme γάρ. — Il est à peine besoin de faire remarquer que ce récit ne peut être qu'une fable; mais notre rhéteur n'hésite pas à la répéter, en feignant d'y croire.

8. Σφᾶς. Voir p. 237 B.

Τῇ δ' αὐτῇ διανοίᾳ[1] κατηγάγοντο ἐξ Ἐρετρίας εἰς Μαραθῶνα, ὡς ἕτοιμον σφίσιν ὄν[2] καὶ Ἀθηναίους ἐν τῇ αὐτῇ ταύτῃ ἀνάγκῃ[3] ζεύξαντας Ἐρετριεῦσιν[4] ἄγειν. Τούτων δὲ τῶν μὲν πραχθέντων, τῶν δ' ἐπιχειρουμένων οὔτ' Ἐρετριεῦσιν ἐβοήθησεν Ἑλλήνων οὐδεὶς[5] οὔτε Ἀθηναίοις πλὴν Λακεδαιμονίων[6] · οὗτοι δὲ τῇ ὑστεραίᾳ τῆς μάχης ἀφίκοντο · οἱ δ' ἄλλοι πάντες ἐκπεπληγμένοι, ἀγαπῶντες τὴν ἐν τῷ παρ- [D όντι σωτηρίαν, ἡσυχίαν ἦγον. Ἐν τούτῳ δὴ[7] ἄν τις γενόμενος γνοίη οἷοι ἄρα ἐτύγχανον ὄντες τὴν ἀρετὴν οἱ Μαραθῶνι[8] δεξάμενοι τὴν τῶν βαρβάρων δύναμιν καὶ κολασάμενοι τὴν ὑπερηφανίαν καὶ πρῶ-

1. Τῇ δ' αὐτῇ διανοίᾳ, dans le même dessein.

2. Ἕτοιμον... ὄν forme comme une expression verbale dont le sujet véritable est la proposition : ἄγειν. — Voici la règle pour ce genre de construction : les verbes impersonnels, — ou (comme ici) les adjectifs neutres accompagnés du verbe εἶναι, qui n'ont pas de sujet apparent, emploient au participe, non pas le génitif absolu, mais le nominatif absolu.

3. Ἀνάγκη a ici le sens concret de moyen de contrainte.

4. Ἐρετριεῦσιν : ce datif dépend de τῇ αὐτῇ. — En grec, tous les mots exprimant : égalité, conformité, similitude ou le contraire, sont suivis du datif.

5. Ἐβοήθησεν Ἑλλήνων οὐδεὶς : Athènes avait d'abord envoyé 1000 hommes; mais ceux-ci, raconte Hérodote, inquiets de l'irrésolution des Érétriens en face de l'ennemi, craignant même d'être livrés par eux aux Perses, s'en étaient retournés.

6. Πλὴν Λακεδαιμονίων.... — οὗτοι δὲ τῇ ὑστεραίᾳ.... — Les Platéens cependant se joignirent aux Athéniens avant Marathon. Quant aux Lacédémoniens, ils répondirent à l'envoyé athénien qu'ils enverraient volontiers des secours, mais que la loi leur interdisait de partir avant que la lune fût dans son plein.

7. Ἐν τούτῳ δὴ.... C'est la reprise de l'idée exprimée plus haut : δεῖ δὴ αὐτὴν ἰδεῖν. Joignez ἄν... γνοίη.

8. Μαραθῶνι. Ce n'est pas un datif, mais une sorte de locatif. Beaucoup de noms de lieux grecs se rencontrent avec cette terminaison, et, naturellement, sans être accompagnés de la préposition ἐν.

τοι στήσαντες τροπαῖα[1] τῶν βαρβάρων, ἡγεμόνες[2] καὶ διδάσκαλοι τοῖς ἄλλοις γενόμενοι, ὅτι οὐκ ἄμαχος εἴη ἡ Περσῶν δύναμις, ἀλλὰ πᾶν πλῆθος[3] καὶ πᾶς πλοῦτος ἀρετῇ ὑπείκει[4]. Ἐγὼ μὲν οὖν[5] ἐκεί-

E] νους τοὺς ἄνδρας φημὶ οὐ μόνον τῶν σωμάτων τῶν ἡμετέρων πατέρας εἶναι, ἀλλὰ καὶ τῆς ἐλευθερίας[6] τῆς τε ἡμετέρας καὶ ξυμπάντων τῶν ἐν τῇδε τῇ ἡπείρῳ· εἰς ἐκεῖνο γὰρ τὸ ἔργον ἀποβλέψαντες καὶ τὰς ὑστέρας μάχας ἐτόλμησαν διακινδυνεύειν οἱ Ἕλληνες ὑπὲρ τῆς σωτηρίας, μαθηταὶ[7] τῶν Μαραθῶνι γενόμενοι.

XI. « Τὰ μὲν οὖν ἀριστεῖα τῷ λόγῳ ἐκείνοις
241] ἀναθετέον, τὰ δὲ δευτερεῖα τοῖς περὶ Σαλαμῖνα[8] καὶ

---

1. Στήσαντες τροπαῖα τῶν βαρβάρων, des trophées pris sur les
barbares : le génitif de la prove-
nance.

2. Ἡγεμόνες καὶ διδάσκαλοι
τοῖς ἄλλοις ὅτι..., ils montrèrent
le chemin aux autres, en leur ap-
prenant que.... — Il est constant,
en grec, que les substantifs tirés
de verbes soient suivis de la construction habituelle après ces
mêmes verbes.

3. Πᾶν πλῆθος...: lieu commun
sur lequel ne manquaient pas
d'insister avec complaisance tous
les orateurs athéniens qui parlaient de cette période de l'histoire d'Athènes. — Remarquez
l'allitération : πᾶν πλῆθος... πᾶς
πλοῦτος.

4. Ἄμαχος εἴη... ὑπείκει. Ce
changement de mode n'est que

l'expression rigoureuse d'une
nuance de la pensée.

5. Ἐγὼ μὲν οὖν... φημὶ..., j'af-
firme donc.... Cette phrase solennelle est bien dans le ton de tout
le discours.

6. Πατέρας... τῆς ἐλευθερίας.
La métaphore est un peu hardie,
mais l'éloge n'est pas exagéré; il
est certain que la résistance d'A-
thènes a encouragé, sinon tous
les Grecs, au moins une partie
d'entre eux, qui auraient peut-
être pactisé avec l'envahisseur.

7. Μαθηταὶ τῶν Μαραθῶνι γενόμενοι n'est que la répétition,
assez inutile, du διδάσκαλοι...
γενόμενοι de plus haut.

8. Περὶ Σαλαμῖνα, autour de
l'île de Salamine. — Ἐπ' Ἀρτεμισίῳ, devant l'Artémision (cap à
l'extrémité de l'Eubée). — Héro-

ἐπ' Ἀρτεμισίῳ ναυμαχήσασι καὶ νικήσασι. Καὶ γὰρ
τούτων τῶν ἀνδρῶν πολλὰ μὲν ἄν τις ἔχοι διελθεῖν,
καὶ οἷα ἐπιόντα ὑπέμειναν κατά τε γῆν[1] καὶ κατὰ
θάλατταν, καὶ ὡς ἠμύναντο ταῦτα· ὃ δέ μοι δοκεῖ
καὶ[2] ἐκείνων κάλλιστον εἶναι, τούτου μνησθήσο-
μαι, ὅτι[3] τὸ ἑξῆς ἔργον τοῖς Μαραθῶνι[4] διεπράξαντο.
Οἱ μὲν γὰρ Μαραθῶνι τοσοῦτον μόνον ἐπέδειξαν τοῖς
Ἕλλησιν, ὅτι κατὰ γῆν οἷόν τε[5] ἀμύνεσθαι τοὺς
βαρβάρους ὀλίγοις πολλούς[6], ναυσὶ δὲ ἔτι ἦν ἄδηλον, καὶ δόξαν εἶχον Πέρσαι ἄμαχοι εἶναι κατὰ
θάλατταν καὶ πλήθει[7] καὶ πλούτῳ καὶ τέχνῃ καὶ
ῥώμῃ· τοῦτο δὴ ἄξιον ἐπαινεῖν τῶν ἀνδρῶν τῶν τότε
ναυμαχησάντων, ὅτι τὸν ἑχόμενον φόβον[8] διέλυσαν

dote dit dans son récit de la bataille de l'Artémision : « Chez les
Grecs, ce jour-là, les Athéniens
s'illustrèrent, et, parmi les Athéniens, Clinias, fils d'Alcibiade, qui,
à ses frais, avait armé deux cents
hommes et les avait amenés sur
un vaisseau à lui ».

1. Κατὰ γῆν. On ne voit pas à
quoi ces mots font allusion, à
moins que ce ne soit à l'envahis-
sement de l'Attique par les Perses;
mais alors ἠμύναντο n'est plus
juste. Il est vrai que cela n'in-
quiète pas notre orateur, qui recherche l'antithèse plus que la
vérité historique.

2. Καὶ, encore.

3. Ὅτι, à savoir que.

4. Τὸ ἑξῆς ἔργον τοῖς Μαραθῶνι, « l'exploit qui vient à la
suite de celui des combattants de
Marathon », — qui le complète.

5. Οἷόν τε, sous-entendu ἦν....
Rapprochez οἷόν τε... ὀλίγοις.

6. Ὀλίγοις πολλούς. Remarquez
comme la place donnée à ces
deux mots les met vigoureuse-
ment en relief.

7. Καὶ πλήθει καὶ πλούτῳ καὶ
τέχνῃ καὶ ῥώμῃ. Faut-il chercher
à établir une différence de sens
bien nette entre ces quatre mots?
Sans doute l'auteur s'en est moins
soucié que de l'effet produit par
l'accumulation de termes. Πλῆθει
signifie : la « masse d'hommes »;
— πλούτῳ, les « ressources en
argent »; — τέχνῃ, « l'habileté »
(on peut douter que les troupes
barbares fussent mieux exercées
que les Grecs et surtout mieux
armées); — ῥώμῃ, « l'énergie et
la résistance des troupes ».

8. Τὸν ἑχόμενον φόβον τῶν
Ἑλλήνων, la crainte qui possé-

τῶν Ἑλλήνων καὶ ἔπαυσαν[1] φοβουμένους πλῆθος νεῶν τε καὶ ἀνδρῶν. Ὑπ' ἀμφοτέρων δὴ ξυμβαίνει, τῶν τε Μαραθῶνι μαχεσαμένων καὶ τῶν ἐν Σαλα-
c) μῖνι ναυμαχησάντων[2], παιδευθῆναι τοὺς ἄλλους Ἕλληνας, ὑπὸ μὲν τῶν κατὰ γῆν, ὑπὸ δὲ τῶν κατὰ θάλατταν μαθόντας καὶ ἐθισθέντας μὴ φοβεῖσθαι τοὺς βαρβάρους.

XII. « Τρίτον δὲ λέγω τὸ ἐν Πλαταιαῖς ἔργον[3] καὶ ἀριθμῷ καὶ ἀρετῇ[4] γενέσθαι τῆς Ἑλληνικῆς σωτηρίας, κοινὸν ἤδη τοῦτο Λακεδαιμονίων τε καὶ Ἀθηναίων. Τὸ μὲν οὖν μέγιστον[5] καὶ χαλεπώτατον οὗτοι πάντες ἤνυσαν, καὶ διὰ ταύτην τὴν ἀρετὴν

dait les Grecs. — Ἔχεσθαι, dans le sens de « tenir » est suivi du génitif.

1. Ἔπαυσαν φοβουμένους πλῆθος, c'est-à-dire, leur enlevèrent la crainte des grandes masses d'hommes, etc. Remarquez φόβον διέλυσαν... ἔπαυσαν φοβουμένους. Cette phrase est d'un style singulièrement redondant et lâche.

2. Remarquez les effets : μαχεσαμένων... ναυμαχησάντων, — ὑπὸ μὲν τῶν κατὰ γῆν, ὑπὸ δὲ τῶν κατὰ θάλατταν (reprenant τῶν τε Μαραθῶνι... τῶν ἐν Σαλαμῖνι), — et la reprise d'idées exprimées déjà plusieurs fois : παιδευθῆναι... — μὴ φοβεῖσθαι τοὺς βαρβάρους. — La construction ὑπὸ μὲν τῶν... ὑπὸ δὲ τῶν au lieu de ὑπὸ τῶν μὲν, etc., est correcte.

3. Joindre ἔργον... τῆς Ἑλληνικῆς σωτηρίας.

4. Ἀριθμῷ καὶ ἀρετῇ. Ces deux mots ont été joints sans doute pour produire une allitération; mais l'expression ainsi formée est un peu forcée et pas claire. Comprenez : il y eut à Platées un peu moins de barbares et un peu plus de Grecs que dans les précédentes batailles de Marathon et de Salamine, — et par suite, les combattants grecs eurent un peu moins de mérite; mais cependant la disproportion était encore très grande, — et ils eurent beaucoup de mérite.

5. Τὸ μὲν οὖν μέγιστον: jugement d'ensemble sur tous les combattants dont il vient d'être parlé, — auquel va s'opposer maintenant l'éloge de ceux qui ont continué leur œuvre : μετὰ δὲ τοῦτο.

νῦν τε ὑφ' ἡμῶν ἐγκωμιάζονται καὶ εἰς τὸν ἔπειτα (D χρόνον ὑπὸ τῶν ὕστερον· μετὰ δὲ τοῦτο πολλαὶ μὲν πόλεις[1] τῶν Ἑλλήνων ἔτι ἦσαν μετὰ τοῦ βαρβάρου, αὐτὸς δὲ ἠγγέλλετο[2] βασιλεὺς διανοεῖσθαι ὡς ἐπιχειρήσων[3] πάλιν ἐπὶ τοὺς Ἕλληνας. Δίκαιον δὴ καὶ τούτων[4] ἡμᾶς ἐπιμνησθῆναι, οἳ τοῖς τῶν προτέρων ἔργοις τέλος τῆς σωτηρίας ἐπέθεσαν ἀνακαθηράμενοι[5] καὶ ἐξελάσαντες πᾶν τὸ βάρβαρον[6] ἐκ τῆς θαλάττης. Ἦσαν δὲ οὗτοι οἵ τε ἐπ' Εὐρυμέδοντι[7] (E ναυμαχήσαντες καὶ οἱ εἰς Κύπρον[8] στρατεύσαντες καὶ οἱ εἰς Αἴγυπτον[9] πλεύσαντες καὶ ἄλλοσε πολ-

1. Πολλαὶ μὲν πόλεις. C'étaient des cités du nord de la Grèce, et surtout les cités des îles ; du moins ce sont celles-là surtout que l'orateur a en vue, comme le prouve la phrase suivante : ἀνακαθηράμενοι... ἐκ τῆς θαλάττης.

2. Ἠγγέλλετο, on annonçait....

3. Διανοεῖσθαι ὡς ἐπιχειρήσων. On emploie souvent, au lieu de l'infinitif simple, ὡς et le participe, après les verbes comme διανοεῖσθαι, παρασκευάζεσθαι, μελετᾶν.

4. Δίκαιον δὴ καὶ τούτων, c'est pourquoi il est juste que de ceux-là aussi nous fassions mention....

5. Ἀνακαθηράμενοι. Le vrai complément de ce participe serait τὴν θάλατταν: ils purifièrent la mer en chassant les barbares.

6. Πᾶν τὸ βάρβαρον : expression plus énergique que ne le serait πάντας τοὺς βαρβάρους.

7. Εὐρυμέδοντι : la bataille navale gagnée par Cimon, à l'embouchure du fleuve Eurymédon, dans la Pamphylie ; la flotte perse y fut complètement détruite (469 av. J.-C.).

8. Οἱ εἰς Κύπρον. Thucydide, I, 94 : « Pausanias, fils de Cléombrote, de Lacédémone, stratège des Grecs, fut envoyé du Péloponnèse avec vingt navires; les Athéniens firent voile avec lui, sur trente navires, et une grande quantité des autres alliés. Ils attaquèrent Chypre et la conquirent presque tout entière. »

9. Οἱ εἰς Αἴγυπτον. Expédition racontée par Thucydide, I, 104, 109, 110. — Les Athéniens, maîtres de Chypre, se rendirent en Égypte, où les appelait un parti révolté contre les Perses. Au bout de six années, ils en furent chassés par une armée perse, et la plupart périrent. Notre orateur se garde bien de mentionner la fin désastreuse de cette expédition.

λαχότε, ὧν χρὴ μεμνῆσθαι καὶ χάριν αὐτοῖς εἰδέ-
ναι¹ ὅτι βασιλέα ἐποίησαν δείσαντα τῇ ἑαυτοῦ σω-
τηρίᾳ τὸν νοῦν προσέχειν, ἀλλὰ² μὴ τῇ τῶν Ἑλλήνων ἐπιβουλεύειν³ φθορᾷ.

XIII. « Καὶ οὗτος μὲν δὴ⁴ πᾶς πάσῃ τῇ πόλει⁵ διην-
242] τλήθη ὁ πόλεμος ὑπὲρ ἑαυτῶν τε καὶ τῶν ἄλλων
ὁμοφώνων πρὸς τοὺς βαρβάρους· εἰρήνης⁶ δὲ γενομένης καὶ τῆς πόλεως τιμωμένης⁷ ἦλθεν ἐπ' αὐτὴν,
ὃ δὴ φιλεῖ⁸ ἐκ τῶν ἀνθρώπων τοῖς εὖ πράττουσι
προσπίπτειν, πρῶτον μὲν ζῆλος⁹, ἀπὸ ζήλου δὲ
φθόνος· ὃ καὶ τήνδε¹⁰ τὴν πόλιν ἄκουσαν ἐν πολέμῳ

1. Ὧν χρὴ μεμνῆσθαι καὶ χάριν αὐτοῖς εἰδέναι. Ce changement
de construction est régulier; il
allège la phrase.

2. Ἀλλὰ μή. L'opposition mar-
quée ici par ἀλλά est trop faible
pour que nous puissions la rendre
en français; mais il en est souvent ainsi.

3. Ἐπιβουλεύειν φθορᾷ : mot à
mot : méditer insidieusement
la perte des Athéniens.

4. Καὶ οὗτος μὲν δὴ.... Cette
phrase résume ce qui précède, et
en même temps s'oppose au développement suivant : εἰρήνης δέ.

5. Τῇ πόλει... ὑπὲρ ἑαυτῶν. Le
mot πόλις, qui représente une
collectivité, est souvent suivi du
pluriel. — Πᾶς πάσῃ τῇ πόλει.
Πάσῃ n'a guère de sens que par
son opposition avec πᾶς. En face
de l'importance et de la longueur
de la guerre, l'orateur fait ressor-
tir le courage unanime des Athéniens.

6. Εἰρήνης. Les hostilités avec
la Perse cessèrent vers 445. On
donne à cette paix le nom de paix
de Cimon, bien que Cimon fût
mort; on ne sait même pas s'il y
eut un traité signé; mais le Grand
Roi dut reconnaître l'indépen-
dance des cités ioniennes et re-
noncer à la mer Égée.

7. Τῆς πόλεως τιμωμένης.
L'orateur a soin de glisser sur les
griefs qu'on pourrait justement
invoquer contre Athènes : son in-
satiable ambition, sa cupidité, sa
dureté à l'égard de ses alliés. De
même, plus loin, c'est, selon lui,
malgré elle qu'Athènes fait la
guerre aux Péloponnésiens (ἄκουσαν).

8. Ὃ δὴ φιλεῖ, quod quidem
solet.

9. Ζῆλος, la jalousie; φθόνος,
la haine.

10. Ὃ καὶ τήνδε... καί, notre
ville aussi, — notre ville, par
exemple, — de même que toutes

τοῖς Ἕλλησι κατέστησεν. Μετὰ δὲ τοῦτο γενομένου πολέμου, ξυνέβαλον μὲν ἐν[1] Τανάγρα ὑπὲρ τῆς Βοιωτῶν ἐλευθερίας[2] Λακεδαιμονίοις μαχόμενοι, ἀμφι- [B σθητησίμου δὲ τῆς μάχης γενομένης, διέκρινε τὸ ὕστερον ἔργον[3]· οἱ μὲν γὰρ ᾤχοντο ἀπιόντες, καταλιπόντες οἷς ἐβοήθουν, οἱ δ' ἡμέτεροι τρίτη ἡμέρᾳ[4] ἐν Οἰνοφύτοις νικήσαντες τοὺς ἀδίκως φεύγοντας δικαίως[5] κατήγαγον. Οὗτοι δὴ πρῶτοι μετὰ τὸν Περσικὸν πόλεμον, Ἕλλησιν ἤδη ὑπὲρ τῆς ἐλευθερίας βοηθοῦντες πρὸς Ἕλληνας, ἄνδρες ἀγαθοὶ γενόμενοι[6] καὶ ἐλευθερώσαντες[7] οἷς ἐβοήθουν, ἐν τῷδε τῷ μνή- [C ματι τιμηθέντες ὑπὸ τῆς πόλεως πρῶτοι[8] ἐτέθησαν.

les autres que la jalousie de leurs voisines force à faire la guerre.

1. Ἐν Τανάγρα, dans le territoire, — aux environs de Tanagra.

2. Ὑπὲρ τῆς Βοιωτῶν ἐλευθερίας. C'est-à-dire qu'Athènes dut disputer à Sparte la prépondérance en Béotie. Et la bataille de Tanagra fut une défaite pour les Athéniens; Thucydide le déclare hautement. Mais Athènes prit sa revanche l'année suivante; cela suffit pour que notre orateur considère la bataille de Tanagra comme un succès (διέκρινε).

3. Τὸ ὕστερον ἔργον. Le combat était resté douteux, mais les événements qui le suivirent permirent de décider de quel côté était l'avantage.

4. Τρίτη ἡμέρᾳ. Le combat en question, d'après Thucydide, eut lieu soixante-deux jours après celui de Tanagra. Il faut donc comprendre : « après un combat de trois jours », à moins de supposer, ce qui n'est pas tout à fait invraisemblable, que notre orateur fait encore ici un accroc à la vérité.

5. Τοὺς ἀδίκως... δικαίως. Redondance oratoire, où l'on sent l'orgueil triomphant de l'Athénien.

6. Ἐλευθερώσαντες οἷς ἐβοήθουν, opposé à καταλιπόντες οἷς ἐβοήθουν. Il est certain que les Lacédémoniens n'ont jamais brillé par la générosité de leur conduite; mais c'est aussi une exagération de représenter les Athéniens comme des modèles de désintéressement.

7. Ἄνδρες ἀγαθοὶ γενόμενοι : expression consacrée pour dire : ayant fait preuve de valeur.

8. Πρῶτοι... πρῶτοι. La répétition est rendue nécessaire par

« Μετὰ δὲ ταῦτα¹ πολλοῦ πολέμου γενομένου καὶ πάντων² τῶν Ἑλλήνων ἐπιστρατευσάντων καὶ τεμόντων τὴν χώραν καὶ ἀναξίαν³ χάριν⁴ ἐκτινόντων τῇ πόλει, νικήσαντες αὐτοὺς ναυμαχίᾳ⁵ οἱ ἡμέτεροι καὶ λαβόντες αὐτῶν τοὺς ἡγεμόνας Λακεδαιμονίους ἐν τῇ Σφαγίᾳ, ἐξὸν⁶ αὐτοὺς διαφθεῖραι ἐφείσαντο⁷

la longueur de la phrase, et l'importance de ce mot dans la phrase : « Ceux-là furent les premiers. Ensuite ...μετὰ δὲ ταῦτα... ».

1. Μετὰ δὲ ταῦτα. L'orateur passe sous silence un certain nombre d'années, où sans doute il n'a pas trouvé de faits assez glorieux pour Athènes. La guerre du Péloponnèse commença en 431, l'affaire de Sphactérie eut lieu en 425, et pendant ce temps l'Attique fut envahie plus d'une fois.

2. Πάντων τῶν Ἑλλήνων ἐπιστρατευσάντων. C'est une exagération.

3. Ἀναξίαν. Cette forme féminine de l'adjectif ἀνάξιος se rencontre quelquefois, ainsi que dans quelques autres adjectifs composés où le féminin devrait avoir la même forme que le masculin (voy. Croiset, § 153, Rem. I, 1°).

4. Χάριν. Ils lui devaient de la reconnaissance pour les services rendus dans les guerres Médiques.

5. Ναυμαχίᾳ : bataille livrée par la flotte athénienne pour dégager Démosthène, établi à Pylos, et menacée par une flotte lacédémonienne. Démosthène, une fois libre de ses mouvements, ne tarda pas à réduire le corps d'armée spartiate qu'il avait enfermé dans

la petite île de Sphactérie ou Sphagie, à l'entrée du port de Pylos. On sait que cet heureux coup de main prit les proportions d'une victoire considérable, parce que les Spartiates ainsi faits prisonniers étaient des Spartiates de vieille race, dont le nombre dès cette époque commençait à diminuer ; c'était, sans compter la honte de leur reddition, un échec très sensible pour Lacédémone. Et les Athéniens qui, pendant la guerre du Péloponnèse, n'ont pas eu à compter beaucoup de victoires, ont célébré celle-là pompeusement.

6. Ἐξόν, alors qu'il leur était possible. Voir plus haut, p. 210 C : ἕτοιμον .. ὄν.

7. Ἐφείσαντο ... ἡγούμενοι. Jusqu'à quel point la conduite des Athéniens fut-elle désintéressée ? Les Athéniens firent la paix (εἰρήνην ἐποιήσαντο) après la défaite de Cléon à Amphipolis. Des deux côtés on avait assez de la guerre. Ce fut la paix de Nicias (421). Les prisonniers spartiates ne furent rendus qu'à ce moment-là ; et ce fut une des clauses du traité, probablement exigée par Sparte. On voit combien notre orateur est loin de la vérité.

καὶ ἀπέδοσαν καὶ εἰρήνην ἐποιήσαντο, ἡγούμενοι [D
πρὸς μὲν τὸ ὁμόφυλον μέχρι¹ νίκης δεῖν πολεμεῖν,
καὶ μὴ δι' ὀργὴν ἰδίαν πόλεως² τὸ κοινὸν τῶν Ἑλλήνων διολλύναι, πρὸς δὲ τοὺς βαρβάρους μέχρι
διαφθορᾶς³. Τούτους δὴ ἄξιον ἐπαινέσαι τοὺς ἄν-
δρας⁴, οἳ τοῦτον τὸν πόλεμον πολεμήσαντες ἐνθάδε
κεῖνται⁵, ὅτι ἐπέδειξαν, εἴ τις ἄρα ἠμφεσβήτει⁶ ὡς
ἐν τῷ προτέρῳ πολέμῳ, τῷ πρὸς τοὺς βαρβάρους
ἄλλοι τινὲς εἶεν ἀμείνους Ἀθηναίων, ὅ τι⁷ οὐκ
ἀληθῆ ἀμφισβητοῖεν⁸· οὗτοι γὰρ ἐνταῦθα ἔδειξαν⁹,

1. Μέχρι, pas plus loin que.
2. Δι' ὀργὴν ἰδίαν πόλεως. Ὀρ-
γή se construit ordinairement
avec le génitif de l'objet contre
lequel est excitée la colère. On
peut donc comprendre : un ressentiment particulier contre une
ville.
3. Πρὸς δὲ τοὺς βαρβάρους μέχρι διαφθορᾶς. Voilà un sentiment tout à fait hellénique. Et
aucun peuple grec n'a eu autant
que le peuple athénien le sentiment de la nationalité grecque en
face du barbare. Il faut dire
toutefois qu'Athènes, maîtresse
de l'Archipel, et par là voisine
immédiate des Perses, avait, pour
les haïr et les combattre, des raisons que n'avaient pas les autres
Grecs.
4. Τοὺς ἄνδρας est rejeté à la
fin de la proposition, loin de τούτους, d'une manière emphatique.
5. Ἐνθάδε κεῖνται : fin de vers
hexamètre; c'est une formule usi-
tée dans les épigrammes funé-
raires.

6. Εἴ τις ... ἠμφεσβήτει ὡς.
Voy. Croiset, § 647, 2°.
7. Joindre ἐπέδειξαν... ὅτι.
8. Εἶεν ... ἀμφισβητοῖεν. Le
premier optatif est amené par
l'imparfait ἠμφεσβήτει, le second
par l'aoriste ἐπέδειξαν. — Εἴ τις...,
ὅτι ἀμφισβητοῖεν : remarquez ce
changement de nombre, d'ailleurs très naturel.
9. Ἔδειξαν. Remarquez dans
cette phrase les fonctions diffé-
rentes des divers participes qu'elle
renferme : 1° νικῶντες se rattache directement à ἔδειξαν : ἔδειξαν νικῶντες signifie : ils montrèrent qu'ils étaient supérieurs.
Après les verbes signifiant montrer, le grec emploie volontiers
le participe, le plus souvent à
l'accusatif, mais parfois aussi au
nominatif, se rapportant au sujet
de la proposition; 2° στασιασάσης est comme un complément
déterminatif du participe suivant
περιγενόμενοι, qu'il explique;
3° περιγενόμενοι a le sens du
complément circonstanciel de

E] στασιασάσης τῆς Ἑλλάδος περιγενόμενοι τῷ πολέμῳ, τοὺς προεστῶτας[1] τῶν ἄλλων Ἑλλήνων χειρωσάμενοι, μεθ' ὧν τότε τοὺς βαρβάρους ἐνίκων κοινῇ[2],
τούτους νικῶντες ἰδίᾳ.

XIV. « Τρίτος δὲ πόλεμος μετὰ ταύτην τὴν εἰρήνην ἀνέλπιστός[3] τε καὶ δεινὸς ἐγένετο, ἐν ᾧ πολλοὶ
καὶ ἀγαθοὶ τελευτήσαντες[4] ἐνθάδε κεῖνται, πολλοὶ
243] μὲν ἀμφὶ Σικελίαν πλεῖστα τροπαῖα στήσαντες ὑπὲρ
τῆς Λεοντίνων ἐλευθερίας[5], οἷς βοηθοῦντες διὰ τοὺς
ὅρκους ἔπλευσαν εἰς ἐκείνους τοὺς τόπους, διὰ δὲ
μῆκος τοῦ πλοῦ[6] εἰς ἀπορίαν τῆς πόλεως[7] καταστά-

temps : « comme ils étaient »,
etc.; 4° χειρωσάμενοι a le sens
d'un complément circonstanciel
de manière : « en s'emparant, etc.,
ils montrèrent, etc. ».

1. Τοὺς προεστῶτας. Ce sont
les généraux lacédémoniens pris
à Sphactérie.

2. Κοινῇ... ἰδίᾳ. On voit la gra-
dation de l'éloge.

3. Ἀνέλπιστός τε καὶ δεινός.
Comme cette guerre s'est terminée par la défaite complète des
Athéniens, l'orateur prend soin
d'excuser à l'avance cette défaite.

4. Ἐν ᾧ πολλοὶ... τελευτήσαντες... κεῖνται, c'est-à-dire ἐν ᾧ
πολλοὶ τετελευτήκασι, οἳ νῦν...
κεῖνται.

5. Λεοντίνων. Il y avait entre
les habitants de Léontion et ceux
d'Athènes une παλαιὰ ξυμμαχία,
à laquelle l'orateur fait allusion
par ces mots : διὰ τοὺς ὅρκους.
Mais l'expédition faite en faveur
des Léontins a eu lieu douze ans

avant la fameuse expédition de
Sicile, avec laquelle elle paraît
être ici confondue. Est-ce volontairement ? C'est probable ; mais
on ne voit pas trop dans quel but ;
c'est peut-être pour cacher les
véritables raisons qui poussèrent
les Athéniens à faire l'expédition
de Sicile. Ces raisons, Thucydide
nous les donne : ce furent le désir
d'empêcher les envois de blé de
Sicile et d'Italie à Sparte, et aussi
le désir d'augmenter l'empire colonial d'Athènes.

6. Διὰ δὲ μῆκος τοῦ πλοῦ.
L'habileté du Spartiate Gylippe, dé-
fenseur de Syracuse, fut aussi pour
beaucoup dans la défaite des Athéniens. Mais on vient de nous dire
que les Athéniens sont supérieurs
aux Lacédémoniens ; s'ils ont été
battus, ce ne peut être que par
les éléments, ou par eux-mêmes,
comme il va être dit plus loin (D).

7. Τῆς πόλεως. C'est d'Athènes
qu'il est question.

σης καὶ οὐ δυναμένης αὐτοῖς ὑπηρετεῖν, τούτῳ ἀπει-
πόντες¹ ἐδυστύχησαν ὧν οἱ ἐχθροί.² καὶ προσπολε-
μήσαντες πλείω ἔπαινον ἔχουσι σωφροσύνης καὶ
ἀρετῆς ἢ τῶν ἄλλων οἱ φίλοι · πολλοὶ δ' ἐν ταῖς
ναυμαχίαις³ ταῖς καθ' Ἑλλήσποντον, μιᾷ μὲν [B
ἡμέρᾳ πάσας τὰς τῶν πολεμίων ἑλόντες ναῦς, πολ-
λὰς δὲ καὶ ἄλλας νικήσαντες· ὃ δ' εἶπον δεινὸν καὶ
ἀνέλπιστον τοῦ πολέμου⁴ γενέσθαι, τόδε⁵ λέγω τὸ
εἰς τοσοῦτον φιλονικίας ἐλθεῖν πρὸς τὴν πόλιν τοὺς
ἄλλους Ἕλληνας, ὥστε τολμῆσαι τῷ⁶ ἐχθίστῳ ἐπι-

1. **Τούτῳ ἀπειπόντες** : à cause
de cela (l'abandon où les laisse
Athènes), ils (les gens de l'expédition) perdirent courage. Les Athéniens, partis pour la Sicile avec
une grande confiance, ne tardè-
rent pas à éprouver plus d'une dé-
ception ; les villes sur lesquelles
ils comptaient faisaient défection, les Syracusains leur op-
posaient une résistance inatten-
due.

2. **Ὧν οἱ ἐχθροί....** Construisez:
οἱ ἐχθροὶ τούτων καὶ προσπολε-
μήσαντες (αὐτοῖς) ἔχουσι πλείω
ἔπαινον (αὐτῶν) σωφροσύνης καὶ
ἀρετῆς ἢ οἱ φίλοι (ἔχουσι) τῶν
ἄλλων. « Les ennemis de ces soldats athéniens, ceux qui avaient
combattu contre eux, firent un
plus grand éloge de leur sagesse
et de leur courage que les autres
n'en reçoivent d'ordinaire de leurs
amis. » — Cet éloge des soldats
athéniens est bien recherché et
hyperbolique. — **Ἔχειν ἔπαινόν
τινος**, penser du bien de quelqu'un de manière à pouvoir faire
son éloge. Il y a ici deux génitifs,
de la personne louée, et de la
vertu louée.

3. **Ναυμαχίαις.** La défaite des
Athéniens en Sicile poussa à la
révolte leurs alliés de l'Archipel.
— Πάσας est fort exagéré, car
les Athéniens ne prirent, selon
Thucydide, que dix vaisseaux
vides. L'orateur fait sans doute
allusion aux victoires reimportées
par Alcibiade, **καθ' Ἑλλήσποντον** (410-408), victoires que la jac-
tance habituelle de ce général a
fort amplifiées.

4. **Τοῦ πολέμου.** Ce génitif dépend de ὅ : « ce que, dans cette
guerre, j'ai qualifié d'atroce et
d'inouï ».

5. **Ὁ δ' εἶπον... τόδε λέγω**, c'est-
à-dire « en disant, etc., je voulais
dire ceci, que je dis maintenant ».

6. **Τῷ ἐχθίστῳ βασιλεῖ.** L'article est rendu nécessaire devant
βασιλεῖ par la présence de l'épithète ἐχθίστῳ.

κηρυκεύσασθαι βασιλεῖ· ὃν κοινῇ ἐξέβαλον μεθ᾽ ἡμῶν, ἰδίᾳ τοῦτον πάλιν ἐπάγεσθαι, βάρβαρον ἐφ᾽ Ἕλληνας, καὶ ξυναθροῖσαι ἐπὶ τὴν πόλιν πάντας

c] Ἕλληνάς τε καὶ βαρβάρους. Οὗ δὴ καὶ[2] ἐκφανὴς ἐγένετο ἡ τῆς πόλεως ῥώμη τε καὶ ἀρετή. Οἰομένων[3] γὰρ ἤδη αὐτὴν καταπεπολεμῆσθαι καὶ ἀπειλημμέ- νων[4] ἐν Μυτιλήνῃ τῶν νεῶν, βοηθήσαντες ἑξήκοντα[5] ναυσὶν, αὐτοὶ[6] ἐμβάντες εἰς τὰς ναῦς, καὶ ἄνδρες γενόμενοι ὁμολογουμένως ἄριστοι[7], νικήσαντες μὲν τοὺς πολεμίους, λυσάμενοι δὲ τοὺς φιλίους[8], ἀνα-

1. Βασιλεῖ. « Alors, dit Thucy- dide, les Lacédémoniens et leurs alliés firent alliance avec le Grand Roi et Tissapherne. Tout le pays et toutes les villes que possède le Roi et que ses ancêtres avaient possédés, restent en son pouvoir. Et parmi ces villes, celles qui fournissaient de l'argent ou d'au- tres subsides aux Athéniens, en doivent être empêchées par les Lacédémoniens et leurs alliés. Le Roi, les Lacédémoniens et leurs alliés font ensemble la guerre aux Athéniens. » Sur ce point, notre orateur n'altère pas la vérité; et l'on ne peut reprocher à Athènes d'avoir pactisé avec le barbare. Mais il faut dire qu'une telle al- liance eût été absolument con- traire aux intérêts des Athéniens.

2. Οὗ, adverbe : dans cette cir- constance.

3. Οἰομένων a pour sujet τῶν πολεμίων sous-entendu.

4. Ἀπειλημμένων... ἀπολαμ- βάνειν correspond exactement au terme français « bloquer ».

5. Ἑξήκοντα. Xénophon donne un chiffre de 150 vaisseaux. Il pa- raît probable que ce chiffre est ici diminué à dessein.

6. Αὐτοί. Les Athéniens, en effet, déployèrent en ces circon- stances une activité héroïque. Ap- prenant que leur dernière flotte était cernée dans Mytilène, ils épuisèrent le trésor public, fon- dirent les statues, nolisèrent leurs navires de commerce, enrô- lèrent presque toute la population valide, et en un mois purent ainsi armer 155 vaisseaux de guerre; cet effort leur valut la victoire des Arginuses (νικήσαντες).

7. Οἱ γενόμενοι ὁμολογουμέ- νως ἄριστοι. L'orateur aime à ré- péter cet éloge vague.

8. Νικήσαντες. C'est la fameuse bataille des Arginuses, fameuse moins encore par la défaite des Lacédémoniens et la mort de leur général Callicratidas, que par la tempête qui empêcha les géné- raux athéniens d'enlever leurs morts, et le procès qui s'en sui-

ξίου¹ τύχης τυχόντες, οὐκ ἀναιρεθέντες ἐκ τῆς
θαλάττης κεῖνται ἐνθάδε. Ὧν χρὴ ἀεὶ μεμνῆσθαί τε [D
καὶ ἐπαινεῖν²· τῇ μὲν γὰρ ἐκείνων ἀρετῇ ἐνικήσαμεν
οὐ μόνον τὴν τότε ναυμαχίαν³, ἀλλὰ καὶ τὸν ἄλλον
πόλεμον⁴· δόξαν γὰρ δι᾽ αὐτοὺς ἡ πόλις ἔσχεν μή
ποτ᾽ ἂν καταπολεμηθῆναι⁵ μηδ᾽⁶ ὑπὸ πάντων ἀνθρώ-
πων· καὶ ἀληθῆ⁷ ἔδοξεν· τῇ δὲ⁸ ἡμετέρᾳ αὐτῶν
διαφορᾷ ἐκρατήθημεν, οὐχ ὑπὸ τῶν ἄλλων· ἀήττητοι γὰρ ἔτι καὶ νῦν ὑπό γε ἐκείνων⁹ ἐσμὲν, ἡμεῖς

---

vit; six d'entre eux furent con-
damnés à mort et exécutés.

1. Ἀναξίου τύχης τυχόντες est
expliqué par la proposition parti-
cipiale qui lui est adjointe : οὐκ
ἀναιρεθέντες. Tous ces participes
superposés rendent la phrase obscure. L'opposition, qui semble ab-
surde, de οὐκ ἀναιρεθέντες ἐκ τῆς
θαλάττης... κεῖνται ἐνθάδε, a embarrassé les commentateurs;
quelques-uns considèrent la proposition οὐκ ἀναιρεθέντες comme
une interpolation. Cependant Thucydide nous apprend que les citoyens morts pour la patrie, dont
on n'avait pu ravoir les corps,
étaient néanmoins considérés
comme réellement ensevelis dans
le monument funéraire.

2. Ὧν χρή... μεμνῆσθαί τε καὶ
ἐπαινεῖν. Μεμνῆσθαι seul doit
être suivi du génitif; c'est la tournure appelée zeugma.

3. Ναυμαχίαν. On dit régulie-
rement νικᾶν νίκην, et, par exten-
sion, νικᾶν ναυμαχίαν.

4. Τὸν ἄλλον πόλεμον. Ceci, et
toute la phrase qui suit, apparaît

comme une hyperbole oratoire
presque ridicule, si l'on songe à
la défaite complète infligée à
Athènes par Lysandre et à la paix
honteuse à laquelle les Athéniens
ont dû se résigner. Sur cette paix,
l'orateur se garde bien d'insister
(ἡσυχίας γενομένης); il ne fait
même pas allusion à la bataille
d'Egos-Potamos.

5. Ἂν καταπολεμηθῆναι, infinitif conditionnel (potentiel), en
apposition à δόξαν (voy. Croiset,
§ 593, Rem. II).

6. Μηδέ, pas même.

7. Ἀληθῆ, accusatif pluriel à
sens adverbial.

8. Τῇ δὲ ἡμετέρᾳ. Δέ a ici un
sens très fort : « au contraire ».
— Διαφορᾷ. Les divisions des partis ont été en effet une des causes
de la défaite des Athéniens.

9. Ὑπό γε ἐκείνων, du moins
par ceux-là, c'est-à-dire les Lacédémoniens et leurs alliés, c'est-à-
dire toute la Grèce; c'est la répétition, sous la forme négative, de
la même idée : τῇ δὲ ἡμετέρᾳ
que la proposition ἡμεῖς δὲ αὐ-

δὲ αὐτοὶ ἡμᾶς αὐτοὺς καὶ ἐνικήσαμεν καὶ ἡττήθημεν[1].

E] « Μετὰ δὲ ταῦτα ἡσυχίας γενομένης καὶ εἰρήνης[2] πρὸς τοὺς ἄλλους, ὁ οἰκεῖος ἡμῖν πόλεμος[3]
οὕτως ἐπολεμήθη[4], ὥστε εἴπερ εἱμαρμένον εἴη ἀνθρώποις στασιάσαι, μὴ ἂν[5] ἄλλως εὔξασθαι μηδένα
πόλιν ἑαυτοῦ νοσῆσαι. Ἔκ τε γὰρ τοῦ Πειραιῶς καὶ
τοῦ ἄστεως ὡς ἀσμένως καὶ οἰκείως ἀλλήλοις ξυνέμειξαν[6] οἱ πολῖται καὶ παρ' ἐλπίδα[7] τοῖς ἄλλοις

τοί va reprendre encore une fois.

1. Καὶ ἡττήθημεν : suppléez ὑφ' ἡμῶν αὐτῶν par une ellipse très fréquente. Remarquez le rapprochement : ἀήττητοι... ἡττήθημεν.

2. Εἰρήνης. « On conclut donc la paix, à condition que les Athéniens abattront les Longs Murs et les fortifications du Pirée, livreront tous leurs vaisseaux, à l'exception de douze, rappelleront les exilés, auront les mêmes amis et les mêmes ennemis que les Lacédémoniens, et les suivront par terre et sur mer partout où ceux-ci le voudront.... Théramène porte la parole et déclare qu'il faut se soumettre aux Lacédémoniens. Une forte majorité ayant appuyé la proposition, on décrète d'accepter la paix. Les exilés rentrent, les murs sont abattus au son des flûtes avec une grande ardeur. » (Xénophon.) Voilà des scènes que notre orateur se garde de mentionner.

3. Ὁ οἰκεῖος πόλεμος. C'est la lutte entre le gouvernement des Trente, où dominait Critias, et les exilés commandés par Thrasybule. Critias chassé d'Athènes, se réfugia au Pirée, devenu la place forte des tyrans; Thrasybule les en délogea, et tua Critias. Après cela, il rétablit l'ancienne constitution (403). Quelques-uns des tyrans, réfugiés à Éleusis, continuèrent la guerre; mais ils furent trahis et massacrés.

4. Joindre ἡμῖν... ἐπολεμήθη.

5. Ὥστε... μὴ ἂν ἄλλως, etc. Construisez : ὥστε μηδένα ἂν εὔξασθαι πόλιν ἑαυτοῦ νοσῆσαι ἄλλως. Cette guerre civile, au dire de l'orateur, fut une si admirable guerre civile, que, — si du moins un tel malheur est inévitable, — tout homme doit en souhaiter une semblable à sa patrie.

6. Ξυνέμειξαν. Cette forme se trouve plus souvent que ξυνέμιξαν dans les inscriptions attiques (cette remarque est particulièrement juste pour le composé ξυμμίγνυμι).

7. Παρ' ἐλπίδα τοῖς ἄλλοις

Ἕλλησι, τόν τε πρὸς τοὺς Ἐλευσῖνι πόλεμον ὡς μετρίως ἔθεντο[1], καὶ τούτων ἁπάντων οὐδὲν ἄλλ' αἴτιον ἢ ἡ τῷ ὄντι[2] ξυγγένεια, φιλίαν βέβαιον καὶ ὁμόφυλον οὐ λόγῳ ἀλλ' ἔργῳ παρεχομένη. Χρὴ δὲ καὶ τῶν ἐν τούτῳ τῷ πολέμῳ τελευτησάντων ὑπ' ἀλλήλων[3] μνείαν ἔχειν καὶ διαλλάττειν αὐτοὺς ᾧ δυνάμεθα[4], εὐχαῖς καὶ θυσίαις, ἐν τοῖς τοιοῖσδε, τοῖς κρατοῦσιν αὐτῶν εὐχομένους, ἐπειδὴ καὶ ἡμεῖς διηλλάγμεθα. Οὐ γὰρ κακίᾳ[5] ἀλλήλων ἥψαντο

[244

Ἕλλησι. La plupart des traducteurs comprennent : contre l'attente des autres Grecs. Il vaut mieux joindre ξυνέμειξαν... καὶ τοῖς ἄλλοις et comprendre que, de même qu'ils se réconcilièrent avec les autres Grecs. Après l'écrasement d'Athènes par les Spartiates, aidés de la Grèce coalisée, il se produisit peu à peu un revirement en faveur de la cité vaincue. Athènes n'y eut d'ailleurs aucun mérite ; ce n'était qu'un changement de front, très naturel de la part des Grecs, inquiets maintenant de la puissance de Sparte victorieuse. Les Béotiens les premiers aidèrent Thrasybule à renverser le gouvernement des Trente, œuvre de Lysandre.

1. Ὡς μετρίως ἔθεντο. On jura en effet de ne garder aucun ressentiment des discordes passées, mais non pas avant d'avoir massacré les chefs de la résistance. — Τούτων ἁπάντων, etc., est l'antécédent logique de ὡς ἁρμένως... ὡς μετρίως.

2. Τῷ ὄντι, c'est-à-dire ἀληθῶς.

L'opposition οὐ λόγῳ, ἀλλ' ἔργῳ reprend la même idée, d'ailleurs sans rien y ajouter.

3. Τελευτησάντων ὑπ' ἀλλήλων, tournure adroite, pour exprimer l'idée d'une lutte fratricide. — Τελευτῶ(άω), verbe neutre, est pris ici passivement.

4. Ὧ, neutre, expliqué par l'apposition εὐχαῖς καὶ θυσίαις. — Τοῖς κρατοῦσιν αὐτῶν, ce sont les dieux infernaux. — Διαλλάττειν αὐτούς, ἐπειδὴ καὶ ἡμεῖς, ceci n'est pas exempt de préciosité. — Ἐν τοῖς τοιοῖσδε, dans cette solennité.

5. Οὐ γὰρ κακίᾳ. À peu près la même idée que plus haut (243 D). C'est qu'il importe à l'orateur de justifier Athènes de ces luttes intestines qui lui ont fait tant de tort. Ainsi, non seulement ce ne sont pas leurs ennemis qui ont battu les Athéniens, mais ce n'est même pas eux-mêmes, c'est-à-dire leur esprit de jalousie réciproque et de discorde : c'est seulement l'infortune, δυστυχία, c'est-à-dire une sorte de fatalité dont ils ne

B] οὐδ' ἔχθρᾳ, ἀλλὰ δυστυχίᾳ. Μάρτυρες δὲ ἡμεῖς αὐτοί ἐσμεν τούτων οἱ ζῶντες· οἱ αὐτοὶ[1] γὰρ ὄντες ἐκείνοις γένει ξυγγνώμην ἀλλήλοις ἔχομεν ὧν τ'[2] ἐποιήσαμεν ὧν τ' ἐπάθομεν.

XV. « Μετὰ δὲ τοῦτο παντελοῦς εἰρήνης ἡμῖν γενομένης, ἡσυχίαν ἦγεν ἡ πόλις[3], τοῖς μὲν βαρβάροις ξυγγιγνώσκουσα[4], ὅτι παθόντες ὑπ' αὐτῆς[5] κακῶς οὐκ ἐνδεῶς ἠμύναντο[6], τοῖς δὲ Ἕλλησιν

C] ἀγανακτοῦσα, μεμνημένη ὅσ' εὖ παθόντες ὑπ' αὐτῆς οἵαν χάριν[7] ἀπέδοσαν, κοινωσάμενοι τοῖς βαρβάροις, τάς τε ναῦς[8] περιελόμενοι, αἵ ποτ' ἐκείνους ἔσωσαν, καὶ τείχη καθελόντες ἀνθ' ὧν[9] ἡμεῖς τἀκείνων ἐκω-

---

sont pas responsables. — Οἱ αὐτοὶ γάρ, etc. « La preuve que nous n'agissions pas par haine, c'est que nous nous sommes réconciliés. » Ce raisonnement est contestable.

1. Οἱ αὐτοὶ ὄντες ἐκείνοις γένει, nous, qui sommes de la même race qu'eux, — nous, leurs frères.

2. (Ὧν) τε... (ὧν) τε... est d'un emploi plus rare que τε... καί.

3. Ἡσυχίαν ἦγεν. Privée de murailles et de vaisseaux, elle ne pouvait guère faire autrement.

4. Ξυγγιγνώσκουσα, ὅτι... On peut douter que ces sentiments chevaleresques aient été le vrai motif de l'attitude des Athéniens. Les Spartiates vainqueurs les avaient remplacés en Ionie; et c'était à eux maintenant qu'incombait la lutte contre les Perses.

5. Παθόντες ὑπ' αὐτῆς κακῶς.

Κακῶς πάσχειν est un véritable passif de κακῶς ποιεῖν.

6. Οὐκ ἐνδεῶς ἠμύναντο. Ils s'étaient vengés largement, et sans ménagements; mais on ne pouvait leur en vouloir.

7. Ὅσ' εὖ παθόντες... οἵαν χάριν. Ces deux relatifs superposés forment une tournure grammaticalement irrégulière, mais souvent employée pour donner plus de vigueur à la phrase.

8. Τάς τε ναῦς... καὶ τείχη. Lysandre, en effet, avait exigé le démantèlement d'Athènes, et la destruction de ses vaisseaux; cette dernière clause de l'humiliant traité devait être surtout sensible aux Athéniens, dont la puissance était exclusivement maritime.

9. Ἀνθ' ὧν : locution conjonctive : « en échange de ce que... »; τἀκείνων, sous-entendez : τείχη.

λύσαμεν πεσεῖν¹· διανοουμένη δὲ² ἡ πόλις, μὴ ἄν⁵
ἔτι ἀμῦναι μήθ' Ἕλλησι πρὸς ἀλλήλων δουλουμέ-
νοις μήτε ὑπὸ βαρβάρων, οὕτως ᾤκει. Ἡμῶν οὖν
ἐν τοιαύτῃ διανοίᾳ ὄντων ἡγησάμενοι Λακεδαιμόνιοι τοὺς μὲν τῆς ἐλευθερίας ἐπικούρους πεπτωκέναι
ἡμᾶς⁴, σφέτερον δὲ ἤδη ἔργον εἶναι καταδουλοῦ-
σθαι τοὺς ἄλλους, ταῦτ'⁵ ἔπραττον⁶. .

XVI. « Καὶ μηκύνειν⁷ μὲν τί δεῖ; οὐ γὰρ πάλαι⁸ [D
οὐδὲ πρὸ πολλῶν ἐτῶν γεγονότα λέγοιμ' ἂν τὰ μετὰ

---

1. Ἐκωλύσαμεν πεσεῖν. Cf.
Croiset, § 560.
2. Διανοουμένη.... Il est probable ɋ · · plus que son ressentiment, c'ʒ · la faiblesse qui em-
pêchait Athènes d'intervenir dans
les affaires de la Grèce.
3. Μὴ ἄν..., etc., c'est-à-dire :
μὴ ἄν ἔτι ἀμῦναι Ἕλλησι δου-
λουμένοις μήτε πρὸς ἀλλήλων,
etc. C'est la figure appelée hyper-
bate.
4. Ἡμᾶς, rejeté à la fin de la
phrase pour rendre plus forte
l'opposition avec σφέτερον δέ,
opposition toute à l'honneur des
Athéniens.
5. Ταῦτα, c'est-à-dire : κατα-
δουλοῦσθαι τοὺς ἄλλους (κατα-
δουλοῦσθαι est au moyen).
6. Ἔπραττον..., etc. Les Spartiates, après l'écrasement d'A-
thènes, n'eurent pas de peine à
établir leur hégémonie sur toute
la Grèce. Mais la réaction éclata,
pendant qu'Agésilas faisait son
expédition en Asie. Quoi que
veuille faire croire notre orateur

(ἐκάμφθη), Athènes ne dut pas se
faire prier pour attaquer sa
cruelle ennemie. Elle s'unit la
première à Thèbes; leurs forces
réunies battirent, à Haliarte, Lysandre, qui fut tué. Les Argiens,
les Corinthiens entrèrent ensuite
dans la coalition, et le satrape
Pharnabaze envoya des secours
en argent, non pas en vérité aux
Athéniens, mais à l'Athénien Conon, qui l'avait soutenu contre
les Lacédémoniens, et qui avec
cet argent reconstruisit les murailles de sa patrie.
7. Μηκύνειν, sous-entendu λόγον. Μέν reste suspendu, sans aucun corrélatif; on emploie ainsi
μέν avant ou après un développement, dans les petites phrases
qui servent de conclusion, comme
précisément celle-ci.
8. Οὐ γὰρ, etc. Comprenez :
λέγων γὰρ τὰ μετὰ ταῦτα, λέγοιμ' ἂν γεγονότα οὐ πάλαι οὐδὲ
πρὸ πολλῶν ἐτῶν. — Πάλαι,
c'est-à-dire : à une époque tout à
fait reculée.

ταῦτα· αὐτοὶ γὰρ ἴσμεν, ὡς ἐκπεπληγμένοι[1] ἀφίκοντο εἰς χρείαν τῆς πόλεως τῶν τε Ἑλλήνων οἱ
πρῶτοι, Ἀργεῖοι καὶ Βοιωτοὶ καὶ Κορίνθιοι, καὶ τό
γε θειότατον πάντων, τὸ καὶ βασιλέα εἰς τοῦτο
ἀπορίας ἀφικέσθαι[2], ὥστε[3] περιστῆναι αὐτῷ μηδα-
μόθεν ἄλλοθεν τὴν σωτηρίαν γενέσθαι ἀλλ' ἢ[4] ἐκ
El ταύτης τῆς πόλεως, ἣν προθύμως ἀπώλλυ[5]. Καὶ δὴ
καὶ[6] εἴ τις βούλοιτο τῆς πόλεως κατηγορῆσαι δικαίως, τοῦτ' ἂν[7] μόνον λέγων ὀρθῶς ἂν κατηγοροίη,
ὡς ἀεὶ λίαν φιλοικτίρμων ἐστὶ καὶ τοῦ ἥττονος

1. Ἐκπεπληγμένοι. L'inquié-
tude des Grecs pouvait être grande
en face de la puissance de Sparte,
mais sans aller jusqu'à l'épou-
vante; certains symptômes pouvaient déjà faire reconnaître que
cette puissance était moins solide
qu'elle ne le paraissait, et que la
longue guerre du Péloponnèse
avait affaibli aussi le vainqueur.
La bataille d'Haliarte le prouva
bien, et c'est elle qui enhardit les
Grecs plus que la confiance en
Athènes dont nous parle notre
orateur.

2. Ἴσμεν, ὡς ἀφίκοντο.... —
καὶ τό γε θειότατον, τό... ἀφικέσθαι...: anacoluthe qui serait un
peu dure, si l'exclamation triom-
phante τό γε θειότατον ne sus-
pendait pas d'abord la phrase.

3. Ὥστε περιστῆναι. Du sens
primordial de ce verbe : entou-
rer, cerner, est dérivé le sens
qu'on trouve dans cette expression : « τὰ περιεστηκότα πρά-
γματα, les circonstances fâcheu-
ses. » Traduisez donc ici, mot à

mot : « le Roi se trouva dans cette
circonstance fâcheuse, qu'il n'y
avait plus de salut pour lui hors
d'Athènes. »

4. Ἀλλ' ἢ, « si ce n'est ». Locution conjonctive dans laquelle
soit ἀλλά, soit ἢ, semble former
pléonasme. Ils renforcent mu-
tuellement leur sens adversatif :
du désir d'appuyer sur ce sens
doit être née cette bizarre locution.

5. Ἀπώλλυ, c'est-à-dire, qu'il
s'efforçait de perdre. C'est un emploi très fréquent de l'imparfait.
Une action prise à un certain moment de son développement et
qui n'est pas encore terminée
peut être considérée comme un
effort, une tentative ; c'est ainsi
qu'ἀπόλλυμι signifie, soit : je suis
en train de perdre, — soit : je
cherche à perdre ; on voit comment les deux sens sont voisins.

6. Καὶ δὴ καὶ εἰ.... Séparer καὶ
δὴ et καὶ εἰ.

7. Τοῦτ' ἂν... ἂν κατηγοροίη,
répétition pléonastique de ἂν.

θεραπίς¹. Καὶ δὴ καὶ² ἐν τῷ τότε χρόνῳ οὐχ οἶά τε
ἐγένετο καρτερῆσαι οὐδὲ διαφυλάξαι³ ἃ ἐδέδοκτο
αὐτῇ, τὸ μηδενὶ δουλουμένῳ⁴ βοηθεῖν τῶν σφᾶς
ἀδικησάντων, ἀλλὰ ἐκάμφθη καὶ ἐβοήθησεν, καὶ τοὺς [245
μὲν Ἕλληνας αὐτὴ⁵ βοηθήσασα ἀπελύσατο δου-
λείας⁶, ὥστ' ἐλευθέρους εἶναι μέχρι οὗ⁷ πάλιν αὐτοὶ
αὐτοὺς κατεδουλώσαντο, βασιλεῖ δὲ αὐτὴ μὲν οὐκ
ἐτόλμησεν βοηθῆσαι, αἰσχυνομένη⁸ τὰ τροπαῖα τά
τε Μαραθῶνι καὶ Σαλαμῖνι καὶ Πλαταιαῖς, φυγάδας δὲ
καὶ ἐθελοντὰς⁹ ἐάσασα μόνον βοηθῆσαι ὁμολογουμέ-

---

1. Θεραπίς. Cet adjectif féminin
est rare ; ce devait être à l'époque
de Platon un néologisme, ou une
forme un peu recherchée.

2. Καὶ δὴ καί..., « et aussi
bien ».

3. Διαφυλάξαι ἃ ἐδέδοκτο, per-
sister dans sa résolution.

4. Δουλουμένῳ, passif. — Σφᾶς,
c'est-à-dire : τὴν πόλιν, syllepse.

5. Αὐτὴ βοηθήσασα s'oppose à
ce qui est dit plus loin : βασιλεῖ
δὲ αὐτὴ μὲν οὐκ ἐτόλμησε....

6. Ἀπελύσατο δουλείας. Il faut
réduire ces appréciations à leur
juste valeur. Au moment où écla-
tèrent les premières hostilités
entre Sparte et les autres cités
grecques, le roi de Sparte, Agésilas, était en train de conquérir
l'Asie Mineure. Les agents du roi
de Perse, semant l'or par toute la
Grèce contribuèrent à la soulever
contre Sparte, et provoquèrent la
retraite d'Agésilas. C'était là un
succès pour les Perses, beaucoup
plus que pour les Grecs. Agésilas,
en revenant d'Asie, traversa victo-

rieusement la Grèce, dont il en-
fonça, à Coronée, les forces réunies. Assurément, à partir de ce
moment, l'hégémonie de Sparte
fut fort compromise ; mais ce fut
surtout grâce aux Perses, dont
l'or entretenait les armées grecques, et au profit des Perses, dont
les flottes apparurent de nouveau
dans l'Archipel.

7. Μέχρι οὗ, jusqu'au jour où....
Après le traité d'Antalcidas, tran-
quilles du côté de la Perse, les
Spartiates se retournèrent contre
les Grecs qui les avaient attaqués,
détruisirent Mantinée, Phlionte,
Olynthe, s'emparèrent de la cita-
delle de Thèbes, la Cadmée ; et
Sparte rétablit son hégémonie en
profitant des divisions des cités
grecques, où elle soutenait le
parti aristocratique.

8. Αἰσχυνομένη, par respect
pour....

9. Φυγάδας καὶ ἐθελοντάς.
Telle était la composition de
l'armée de Conon qui opérait en
Ionie, de concert avec le satrape

B] νως ἔσωσεν. Τειχισαμένη[1] δὲ καὶ ναυπηγησαμένη, ἐκδεξαμένη τὸν πόλεμον, ἐπειδὴ ἠναγκάσθη πολεμεῖν[2], ὑπὲρ Παρίων[3] ἐπολέμει[4] Λακεδαιμονίοις.

XVII. « Φοβηθεὶς[5] δὲ βασιλεὺς τὴν πόλιν, ἐπειδὴ ἑώρα Λακεδαιμονίους τῷ κατὰ θάλατταν πολέμῳ ἀπαγορεύοντας[6], ἀποστῆναι βουλόμενος ἐξῄτει τοὺς Ἕλληνας τοὺς ἐν τῇ ἠπείρῳ[7], οὕσπερ πρότερον Λακεδαιμόνιοι αὐτῷ ἐξέδοσαν[8], εἰ μέλλοι[9] ξυμμαχήσειν ἡμῖν τε καὶ τοῖς ἄλλοις ξυμμάχοις, ἡγούμενος οὐκ ἐθελήσειν[10], ἵν' αὐτῷ πρόφασις εἴη τῆς C] ἀποστάσεως[11]. Καὶ τῶν μὲν ἄλλων[12] ξυμμάχων ἐψεύ-

Pharnabaze, et battit la flotte lacédémonienne à Cnide; quoiqu'elle agît dans l'intérêt d'Athènes, ce n'était pas officiellement une armée athénienne. Conon luimême était un général athénien qui, vaincu à Ægos Potamos, n'avait pas osé rentrer à Athènes. — Ἐθελοντάς. Remarquez l'accentuation.

1. Τειχισαμένη δέ, avec l'or des Perses (voir p. 211 C).

2. Ἐπειδὴ ἠναγκάσθη πολεμεῖν. L'orateur n'oublie pas sa constante préoccupation : montrer qu'Athènes a toujours la justice de son côté.

3. Ὑπὲρ Παρίων. On ne sait ce que c'est que cet épisode des Pariens; le texte est probablement altéré.

4. Ἐπολέμει, imparfait à sens inchoatif (Croiset, § 516, Rem. I).

5. Φοβηθείς. Le relèvement d'Athènes fut cause d'un rapprochement entre les Perses et

les Spartiates, qui aboutit au traité d'Antalcidas (388).

6. Ἀπαγορεύοντας, après leur défaite de Cnide.

7. Τοὺς ἐν τῇ ἠπείρῳ, les Grecs d'Asie.

8. Ἐξέδοσαν. Les Spartiates avaient en effet reconnu, en 412, les droits du roi de Perse sur toute l'Asie Mineure.

9. Ἐξῄτει... εἰ μέλλοι : il réclame la souveraineté sur les Grecs d'Asie, « s'il doit combattre avec nous », c'est-à-dire : pour prix de sa coopération.

10. Οὐκ ἐθελήσειν, sous-entendu : τοὺς ξυμμάχους. — Ἵνα retombe, non pas sur ἡγούμενος, ce qui n'aurait pas de sens, mais sur ἐξῄτει.

11. Τῆς ἀποστάσεως. L'article indique que la défection est déjà, dans l'esprit du Grand Roi, toute décidée, et qu'il ne lui reste qu'à trouver « un » prétexte.

12. Τῶν μὲν ἄλλων.... ἐψεύσθη, |

σθη· ἠθέλησαν γὰρ αὐτῷ ἐκδιδόναι καὶ ξυνέθεντο[1]
καὶ ὤμοσαν Κορίνθιοι καὶ Ἀργεῖοι καὶ Βοιωτοὶ καὶ
οἱ ἄλλοι ξύμμαχοι, εἰ μέλλοι χρήματα παρέξειν,
ἐκδώσειν τοὺς ἐν τῇ ἠπείρῳ Ἕλληνας· μόνοι δὲ
ἡμεῖς οὐκ ἐτολμήσαμεν οὔτε ἐκδοῦναι οὔτε ὀμόσαι.
Οὕτω δή τοι τό γε τῆς πόλεως γενναῖον καὶ ἐλεύθερον[2] βέβαιόν τε καὶ ὑγιές ἐστιν καὶ φύσει μισοβάρβαρον, διὰ τὸ εἰλικρινῶς[3] εἶναι Ἕλληνες[4] καὶ [D
ἀμιγεῖς βαρβάρων. Οὐ γὰρ Πέλοπες[5] οὐδὲ Κάδμοι

il se trompa au sujet des autres alliés.

1. Ξυνέθεντο καὶ ὤμοσαν. Ces deux mots se trouvent fréquemment joints, comme en une formule. — Ce fut le traité d'Antalcidas dont Xénophon nous transmet la teneur : « Le roi Artaxerxès regarde comme juste que les cités situées en Asie, ainsi que les îles de Clazomène et de Chypre, soient sa propriété, mais que toutes les autres cités grecques, petites ou grandes, soient toutes rendues indépendantes, à l'exception de Lemnos, Imbros, Scyros, qui demeurent aux Athéniens. » — Ce traité fort avantageux pour les Perses, fut en effet conclu en dehors des Athéniens. Mais il n'est pas vrai, comme l'orateur le prétend plus bas (οὐκ ἐτολμήσαμεν... ὀμόσαι), que les Athéniens n'aient pas, — malgré eux, il est vrai, — accepté et signé ce traité. Les historiens sont tout à fait affirmatifs sur ce point. Platon ne pouvait pas l'ignorer, puisqu'il s'agit d'événements tout contem-

porains; mais il n'hésite pas à mettre dans ce discours officiel un de ces mensonges comme les orateurs officiels en débitaient sans doute fort souvent.

2. Τὸ γενναῖον καὶ ἐλεύθερον, adjectifs pris substantivement, — qui signifient, non pas la noblesse et la liberté, — mais l'esprit noble, l'esprit libéral.

3. Διὰ τὸ..., etc. Même idée que p. 237 B, reprise et développée surabondamment.

4. Ἕλληνες... ἀμιγεῖς. Ces pluriels se rapportent à ἡμεῖς sous-entendu. Mais cette tournure ne laisse pas que d'être irrégulière, car πόλεως qui contient ce ἡμεῖς sous-entendu, n'est pas au nominatif. — Le nominatif de l'attribut Ἕλληνες καὶ ἀμιγεῖς est donc arbitraire.

5. Πέλοπες, etc. « Des gens comme Pélops, comme Cadmos, comme Ægyptos. » — Pélops, fondateur d'Argos, était Phrygien; Cadmos, fondateur de Thèbes, était Phénicien; Danaos venait d'Égypte, comme Ægyptos.

οὐδὲ Αἴγυπτοί τε καὶ Δαναοὶ οὐδὲ ἄλλοι πολλοὶ
φύσει μὲν βάρβαροι ὄντες, νόμῳ δὲ Ἕλληνες, ξυν-
οικοῦσιν ἡμῖν, ἀλλ᾽ αὐτοὶ Ἕλληνες[1], οὐ μιξοβάρβαροι[2] οἰκοῦμεν ὅθεν καθαρὸν[3] τὸ μῖσος ἐντέτηκε[4]
τῇ πόλει τῆς ἀλλοτρίας φύσεως. Ὅμως δ᾽ οὖν
ἐμονώθημεν πάλιν[5] διὰ τὸ μὴ ἐθέλειν αἰσχρὸν καὶ
ἀνόσιον ἔργον ἐργάσασθαι[6] Ἕλληνας βαρβάροις ἐκ-
δόντες. Ἐλθόντες οὖν εἰς ταὐτὰ[7], ἐξ ὧν καὶ τὸ πρότερον κατεπολεμήθημεν, ξὺν θεῷ ἄμεινον ἢ τότε
ἐθέμεθα τὸν πόλεμον· καὶ γὰρ ναῦς καὶ τείχη
ἔχοντες[8] καὶ τὰς ἡμετέρας αὐτῶν ἀποικίας ἀπηλ-

1. Αὐτοὶ Ἕλληνες. « Nous sommes Grecs purs, — et non Grecs d'adoption comme d'autres. » — Αὐτοὶ se trouve dans le sens de seuls. Comparez l'expression : αὐτοὶ γὰρ ἐσμέν, nous sommes entre nous.

2. Μιξοβάρβαροι. Le jeu de mots avec μισοβάρβαρον de plus haut paraît évident.

3. Καθαρόν, leur haine de l'étranger est pure comme leur sang, c'est-à-dire qu'elle est légitime.

4. Ἐντέτηκε, imité de Sophocle, Électre, 1311 : μῖσος γὰρ παλαιὸν ἐντέτηκέ μοι.

5. Ἐμονώθημεν πάλιν. Le sens de πάλιν est, non pas : de nouveau, mais en retour, en arrière. Il n'y a donc pas ici d'allusion à l'isolement des Athéniens en face des barbares lors de la première guerre Médique, mais à celui où ils étaient pendant la guerre du Péloponnèse, et dont ils venaient à peine de sortir. Traduisez donc : « nous fûmes rejetés dans notre isolement ». Ce sens de πάλιν est comme souligné par le ἐλθόντες εἰς ταὐτά qui commence la phrase suivante.

6. Remarquez les effets : ἔργον ἐργάσασθαι — Ἕλληνας βαρβάροις.

7. Εἰς ταὐτὰ ἐξ ὧν..., réduits à la même situation qui autrefois nous avait attiré la guerre.... Il s'agit de la guerre du Péloponnèse.

8. Ἔχοντες a ici un sens très fort. Lorsque les Athéniens firent la paix, ils étaient « en possession » de leurs navires, de leurs murs, de leurs colonies, et cette paix leur en confirma la possession. La vérité est cependant que de tout leur ancien empire colonial, ils ne gardaient que Lemnos, Imbros, Scyros, et qu'ils renonçaient, non seulement à l'hégémonie, non seulement à l'empire sur leurs

λάγημεν τοῦ πολέμου, οὕτως¹ ἀγαπητῶς² ἀπηλλάττοντο καὶ οἱ πολέμιοι· ἀνδρῶν μέντοι ἀγαθῶν καὶ ἐν τούτῳ τῷ πολέμῳ ἐστερήθημεν, τῶν τε ἐν Κορίνθῳ χρησαμένων δυσχωρίᾳ³ καὶ ἐν Λεχαίῳ προδοσίᾳ⁴· ἀγαθοὶ δὲ καὶ οἱ βασιλέα ἐλευθερώσαντες [246 καὶ ἐκβαλόντες⁵ ἐκ τῆς θαλάττης Λακεδαιμονίους· ὧν ἐγὼ μὲν ὑμᾶς ἀναμιμνήσκω, ὑμᾶς δὲ πρέπει ξυνεπαινεῖν⁶ τε καὶ κοσμεῖν τοιούτους ἄνδρας.

XVIII. « Καὶ τὰ μὲν δὴ⁷ ἔργα ταῦτα τῶν ἀνδρῶν τῶν ἐνθάδε κειμένων καὶ τῶν ἄλλων ὅσοι ὑπὲρ τῆς πόλεως τετελευτήκασι, πολλὰ μὲν τὰ εἰρημένα καὶ καλά, πολὺ δ' ἔτι πλείω⁸ καὶ καλλίω τὰ ὑπολειπόμενα· πολλαὶ γὰρ ἂν ἡμέραι⁹ καὶ νύκτες οὐχ ἱκαναὶ [B

---

anciens alliés des îles, mais encore à plusieurs de leurs propres colonies.

1. Οὕτως... καὶ οἱ πολέμιοι, tant nos ennemis aussi....

2. Ἀγαπητῶς, parce que la guerre ne tournait pas à leur avantage, fait entendre l'orateur. Mais en réalité, c'était aussi parce que, après leurs récentes défaites, le traité d'Antalcidas était pour les Spartiates un véritable succès.

3. Δυσχωρίᾳ, etc. Ceci advint dans un coup de main des Athéniens sur Corinthe, d'où ils expulsèrent le parti lacédémonien. Les exilés, aidés des Lacédémoniens, se fortifièrent à Léchéon, port de Corinthe, d'où les Athéniens et les Béotiens réunis ne purent les déloger.

4. Προδοσίᾳ. On ne sait ce que

c'est que cette trahison. Elle doit faire allusion à quelque fait de minime importance, que les historiens n'ont pas cru devoir rapporter. Mais notre orateur, le trouvant favorable à sa thèse, s'en est emparé pour le grossir.

5. Ἐκβαλόντες.... Allusion aux victoires navales remportées sur les Spartiates par Conon, de concert avec Pharnabaze.

6. Ὧν.... ξυνεπαινεῖν. Nous avons déjà rencontré cette figure (zeugma).

7. Δή : formule de conclusion.

8. Πολὺ δ' ἔτι πλείω : hyperbole ridicule ; si ces actions-là sont les plus belles, c'est celles-là qu'on devait nous raconter.

9. Πολλαὶ ἡμέραι, il faudrait des jours pour énumérer. Autre hyperbole, fort rebattue.

γένοιντο τῷ τὰ πάντα μέλλοντι περαίνειν. Τούτων οὖν χρὴ μεμνημένους[1] τοῖς τούτων ἐκγόνοις πάντ' ἄνδρα παρακελεύεσθαι[2], ὥσπερ ἐν πολέμῳ, μὴ λείπειν τὴν τάξιν[3] τὴν τῶν προγόνων μηδ' εἰς τοὐπίσω ἀναχωρεῖν εἴκοντας κάκῃ[4]. Ἐγὼ μὲν οὖν καὶ αὐτός, ὦ παῖδες ἀνδρῶν ἀγαθῶν, νῦν τε παρακελεύομαι καὶ ἐν τῷ λοιπῷ χρόνῳ[5] ὅπου ἄν τῳ ἐντυγχάνω[6] ὑμῶν, καὶ ἀναμνήσω καὶ διακελεύσομαι[7] προθυμεῖσθαι εἶναι ὡς ἀρίστους[8]· ἐν δὲ τῷ παρόντι δίκαιός εἰμι εἰπεῖν[9], ἃ οἱ πατέρες ἡμῖν ἐπέσκηπτον[10] ἀπαγγέλλειν τοῖς λειπομένοις, εἴ τι πάσχοιεν[11], ἡνίκα κινδυ-

1. **Μεμνημένους... πάντ' ἄνδρα.** Le participe pluriel a pour sujet un terme collectif indéfini.

2. **Παρακελεύεσθαι.** Voilà l'annonce du nouveau développement qui va suivre et remplir toute la fin du discours.

3. **Μὴ λείπειν τὴν τάξιν.** La λιποταξία était en effet un crime prévu par les lois militaires. L'expression est prise ici au figuré, comme l'indique ὥσπερ; mais cette comparaison a ceci de défectueux qu'elle n'est qu'à moitié une comparaison, puisqu'il s'agit encore de bravoure à la guerre.

4. **Κάκῃ.** La forme κακία est plus fréquente.

5. Joignez καὶ ἐν τῷ λοιπῷ χρόνῳ... καὶ ἀναμνήσω.

6. **Ὅπου ἄν ἐντυγχάνω.** Voy. Croiset, § 618.

7. **Διακελεύσομαι,** « je recommanderai sans cesse ». Cette déclaration n'a que faire ici, peu importe ce que l'orateur fera

dans l'avenir, et il se met ici en avant d'une manière un peu ridicule. Mais cette belle phrase pompeuse est destinée à amener l'opposition : ἐν δὲ τῷ παρόντι, et n'a pas d'autre valeur.

8. **Ὡς ἀρίστους.** Cf. Croiset, § 431.

9. **Δίκαιός εἰμι εἰπεῖν** = δίκαιόν ἐστιν ἐμὲ εἰπεῖν.

10. **Ἐπέσκηπτον.** Il est probable que les Athéniens partant pour la guerre n'avaient pas coutume de faire de si belles recommandations. Mais notre orateur le suppose hardiment, afin d'amener la prosopopée qui va suivre. La prosopopée est un artifice oratoire qui produit souvent de beaux effets, et peut même parfois être légitime, quand elle a quelque vraisemblance; mais ici elle n'en a guère.

11. **Εἴ τι πάσχοιεν,** par euphémisme, c'est-à-dire « s'ils mouraient ». — Λειπομένοις a ici un

νεύσειν ἔμελλον. Φράσω δὲ ὑμῖν ἅ τε αὐτῶν ἤκουσα
ἐκείνων καὶ οἷα νῦν ἡδέως ἂν εἴποιεν ὑμῖν λαβόντες
δύναμιν[1], τεκμαιρόμενος ἐξ ὧν[2] τότε ἔλεγον. Ἀλλὰ
νομίζειν χρὴ αὐτῶν ἀκούειν ἐκείνων ἃ ἂν ἀπαγγέλ-
λω· ἔλεγον δὲ τάδε.

XIX. « Ὦ παῖδες, ὅτι μέν ἐστε πατέρων ἀγαθῶν, [D
« αὐτὸ μηνύει τὸ νῦν παρόν[3]· ἡμῖν δὲ[4] ἐξὸν[5] ζῆν.
« μὴ καλῶς[6], καλῶς αἱρούμεθα μᾶλλον[7] τελευτᾶν,
« πρὶν[8] ὑμᾶς τε καὶ τοὺς ἔπειτα εἰς ὀνείδη κατα-
« στῆσαι καὶ πρὶν τοὺς ἡμετέρους πατέρας καὶ πᾶν
« τὸ πρόσθεν γένος αἰσχῦναι, ἡγούμενοι τῷ τοὺς
« αὑτοῦ αἰσχύναντι ἀβίωτον εἶναι, καὶ τῷ τοιούτῳ
« οὔτε τινὰ ἀνθρώπων οὔτε θεῶν φίλον εἶναι οὔτ'
« ἐπὶ γῆς οὔθ' ὑπὸ γῆς τελευτήσαντι[9]. Χρὴ οὖν

sens conditionnel : ceux qu'ils
laisseraient s'il leur arrivait malheur.

1. Λαβόντες δύναμιν, en ayant
pris la faculté, c'est-à-dire si la
faculté leur en était donnée.

2. Τεκμαιρόμενος..., conjectu-
rant (ce qu'ils diraient maintenant) d'après ce qu'ils ont dit autrefois; ἀλλὰ..., mais (la conjecture est sûre, et) il faut que vous
croyiez entendre d'eux-mêmes,
etc.

3. Τὸ νῦν παρόν. Νῦν serait
inutile si l'on ne voulait insister
sur l'idée que « c'est bien la circonstance présente même... ».

4. Ἡμῖν δέ. On attendrait ἡμῖν
γάρ.

5. Ἐξόν, alors qu'il était possible, de ἔξειμι. On trouve, dans

un certain nombre de cas, au lieu
du génitif absolu, le nominatif
absolu.

6. Ζῆν μὴ καλῶς, καλῶς, etc.
Il est inutile de relever une à une
les antithèses dont cette phrase
est pleine.

7. Αἱρούμεθα μᾶλλον : pléonasme usuel.

8. Πρὶν καταστῆσαι. Voy. Croiset, § 639.

9. Τελευτήσαντι, qui semble
d'abord un pléonasme après ὑπὸ
γῆς, n'est pas inutile pour exprimer plus fortement l'idée que
cette malédiction poursuit les
lâches jusqu'après la mort. Mais
il est mis là surtout pour la symétrie : de même que à αἰσχῦναι
correspond αἰσχύναντι, au milieu
de la phrase, il faut qu'à τελευ-

« μεμνημένους τῶν ἡμετέρων λόγων, ἐάν τι καὶ
E] « ἄλλο[1] ἀσκῆτε, ἀσκεῖν μετ' ἀρετῆς, εἰδότας ὅτι
« τούτου[2] λειπόμενα πάντα καὶ κτήματα καὶ ἐπι-
« τηδεύματα αἰσχρὰ καὶ κακά[3]· οὔτε γὰρ πλοῦτος
« κάλλος[4] φέρει τῷ κεκτημένῳ μετ' ἀνανδρίας·
« ἄλλῳ γὰρ[5] ὁ τοιοῦτος πλουτεῖ καὶ οὐχ ἑαυτῷ·
« οὔτε σώματος κάλλος καὶ ἰσχὺς δειλῷ καὶ κακῷ
247] « ξυνοικοῦντα πρέποντα φαίνεται ἀλλ' ἀπρεπῆ, καὶ
« ἐπιφανέστερον ποιεῖ[6] τὸν ἔχοντα καὶ ἐκφαίνει
« τὴν δειλίαν· πᾶσά τε ἐπιστήμη χωριζομένη
« δικαιοσύνης καὶ τῆς ἄλλης ἀρετῆς[7] πανουργία,
« οὐ σοφία φαίνεται· ὧν ἕνεκα καὶ πρῶτον καὶ
« ὕστατον καὶ διὰ παντὸς[8] πᾶσαν πάντως προθυ-
« μίαν πειρᾶσθε ἔχειν, ὅπως[9] μάλιστα μὲν[10] ὑπερ-

τᾶν, qui la commence, corres-
ponde τελευτήσαντι, pour finir.

1. Τί καὶ ἄλλο : locution pléonastique, d'usage courant.

2. Τούτου λειπόμενα. Τούτου
se rapporte à ἀρετῆς. Le pronom
relatif se met volontiers au neutre
lorsqu'il se rapporte à une chose,
qui n'est en réalité ni du genre
masculin ni du genre féminin.

3. Πάντα... ἐπιτηδεύματα : sujet; αἰσχρὰ καὶ κακά : attribut.

4. Πλοῦτος κάλλος : remarquez l'absence d'article devant
ces mots abstraits. — Κάλλος,
même sens que le latin decus;
ce n'est pas la « beauté », c'est le
« lustre », la considération.

5. Ἄλλῳ γὰρ..., s'il ne sait pas
défendre ses richesses, elles ris-
quent de passer en d'autres mains,

6. Καὶ ἐπιφανέστερον ποιεῖ..?
καὶ ἐκφαίνει. De ces deux propositions simplement coordonnées,
l'une est cependant explicative
de l'autre : la beauté et la force...
mettent plus en vue celui qui
les possède, c'est-à-dire font res-
sortir sa lâcheté. Il y a bien des
redondances dans cette phrase,
et des distinctions subtiles, de
celles que les sophistes affection-
naient.

7. Τῆς ἄλλης ἀρετῆς, l'ensemble des autres vertus.

8. Πρῶτον... πάντως. Accumulation ridicule de termes, soit
antithétiques(πρῶτον... ὕστατον),
soit synonymes (πᾶσαν πάντως).

9. Ὅπως. Voy. Croiset, § 632.

10. Μάλιστα μέν. Μέν retombe
non pas sur μάλιστα mais sur la

« ϐαλεῖσθε καὶ ἡμᾶς καὶ τοὺς πρόσθεν εὐκλείᾳ. Εἰ
« δὲ μή, *** ἴστε ὡς ἡμῖν, ἂν μὲν[1] νικῶμεν ὑμᾶς
« ἀρετῇ, ἡ νίκη αἰσχύνην φέρει, ἡ δὲ ἧττα, ἐὰν
« ἡττώμεθα, εὐδαιμονίαν· μάλιστα δ'[2] ἂν νικώ-
« μεθα καὶ ὑμεῖς νικῷητε, εἰ παρασκευάσαισθε[3] τῇ
« τῶν προγόνων δόξῃ μὴ καταχρησόμενοι μηδ' [B
« ἀναλώσοντες αὐτήν, γνόντες ὅτι ἀνδρὶ οἰομένῳ
« τι[4] εἶναι οὐκ ἔστιν αἴσχιον οὐδὲν[5] ἢ παρέχειν
« ἑαυτὸν τιμώμενον μὴ δι' ἑαυτὸν ἀλλὰ διὰ δόξαν
« προγόνων. Εἶναι μὲν γὰρ τιμὰς γονέων[6] ἐκγόνοις

---

phrase entière, opposée à la suivante εἰ δὲ μή. Par suite, d'un
accident quelconque, il manque
ici plusieurs mots dans le texte
de nos manuscrits; après l'indi-
cation de ce que l'orateur préfé-
rerait, on attend celle de ce qui
suffirait à la rigueur. Un philo-
sophe néo-platonicien, Jamblique,
a paraphrasé ce passage de la façon suivante, qui permet de deviner à peu près ce qui y manque : « ὅπως μάλιστα μὲν ὑπερ-
ϐαλεῖταί τις τοὺς πρόσθεν προγόνους εὐκλείᾳ· εἰ δὲ μή, ὅπως
ἴσον αὐτοῖς καταστήσῃ τὴν αὐτοῦ καλοκαγαθίαν· ἡ μὲν γὰρ
ἐν τούτοις νίκη αἰσχύνην φέρει,
ἡ δὲ ἧττα, ἐὰν ἡττᾶταί τις, τι-
μήν. » (Exhort. à la philosoph.,
266.) (Note de P. Couvreur.) —
On devine la phrase, d'ailleurs
fort banale, qui débutait par εἰ δὲ
μή, « si vous ne nous surpassez
pas, au moins soyez nos égaux. »
1. Remarquez la manière recherchée dont est présentée ici
l'opposition : ἂν μὲν... ἡ δέ.

2. Μάλιστα δ' ἂν νικώμεθα,
« nous serions vaincus le mieux
du monde ». Καὶ ὑμεῖς νικῷητε :
répétition ridicule, tellement elle
est inutile.
3. Εἰ παρασκευά..... ..σθε, etc.,
« si vous vous arrangiez de manière à ne pas abuser de la gloire
de vos ancêtres, à ne pas la dila-
pider. » Remarquez ces participes
futurs καταχρησόμενοι, ἀναλώσοντες; l'usage grec les exige ici.
— Καταχρησόμενοι, « abusant
de cette gloire ». Ἀναλώσοντες,
« la dissipant ».
4. Ἀνδρὶ οἰομένῳ τι εἶναι. Remarquez τι accentué : c'est qu'ici
le sens porte sur lui, et qu'il n'est
plus enclitique.
5. Οὐκ ἔστιν αἴσχιον οὐδέν :
lieu commun, qu'on retrouve
dans la bouche de bien des mo-
ralistes. Molière, dans son Don
Juan, en a tiré le parti qu'on sait.
6. Εἶναι τιμὰς γονέων. L'infinitif εἶναι ne dépend pas de γνόντες de la phrase précédente, sans
quoi nous aurions καλὸν θησαυ-

« καλὸς θησαυρὸς καὶ μεγαλοπρεπής[1]· χρῆσθαι δὲ
« καὶ χρημάτων καὶ τιμῶν θησαυρῷ, καὶ μὴ τοῖς
« ἐκγόνοις παραδιδόναι, αἰσχρὸν καὶ ἄνανδρον,
« ἀπορίᾳ[2] ἰδίων αὐτοῦ κτημάτων τε καὶ εὐδοξιῶν[3].
« Καὶ ἐὰν μὲν ταῦτα ἐπιτηδεύσητε, φίλοι[4] παρὰ
C] « φίλους ἡμᾶς ἀφίξεσθε, ὅταν ὑμᾶς ἡ προσήκουσα
« μοῖρα κομίσῃ[5]· ἀμελήσαντας δὲ ὑμᾶς καὶ κακι-
« σθέντας οὐδεὶς εὐμενῶς ὑποδέξεται. Τοῖς μὲν οὖν
« παισὶ ταῦτ' εἰρήσθω[6].

XX. « Πατέρας δὲ[7] ἡμῶν, οἷς εἰσι, καὶ μητέρας
« ἀεὶ χρὴ παραμυθεῖσθαι ὡς ῥᾷστα[8] φέρειν τὴν
« ξυμφορὰν, ἐὰν ἄρα ξυμβῇ γενέσθαι, καὶ μὴ ξυνο-
D] « δύρεσθαι[9] — οὐ γὰρ τοῦ λυπήσοντος[10] προσδεή-

ρόν. La proposition εἶναι... ἐκγόνοις sert de sujet à une proposition [ἔστι] καλὸς θησαυρός.

1. Μεγαλοπρεπής : grand mot
vide, qui n'ajoute rien à καλὸς
θησαυρός; mais il fallait finir
harmonieusement la phrase.

2. Ἀπορίᾳ, mot à mot : « par
manque de ». Ce datif doit se rat-
tacher aux infinitifs χρῆσθαι et
παραδιδόναι.

3. Εὐδοξιῶν : pluriel rare.

4. Φίλοι... ὑποδέξεται : lieu
commun. Pour qui connaît les
théories de Platon sur l'immorta-
lité de l'âme et la vie éternelle,
cette image de l'accueil souriant
ou fâché que feront les pères à
leurs fils dans les enfers, a l'air
d'une plaisanterie.

5. Κομίσῃ, vous aura conduits
dans les lieux où nous sommes
actuellement. — Ἡ προσήκουσα

μοῖρα : périphrase pompeuse pour
θάνατος.

6. Τοῖς μὲν οὖν..., « ceci soit
dit à nos fils ». A partir d'ici, le
discours prend une forme plus
indirecte ; il s'adresse non plus à
ceux qui sont l'objet de ces recommandations, mais à ceux qui
doivent les leur transmettre.

7. Πατέρας δὲ ἡμῶν, οἷς εἰσι,
c'est-à-dire τούτων (ἡμῶν) οἷς
πατέρες εἰσί.

8. Ὡς ῥᾷστα. Cf. ὡς ἀρίστους,
p. 216 C.

9. Ξυνοδύρεσθαι... οὐ γὰρ τοῦ
λυπήσοντος. En effet, pleurer
avec eux augmenterait leur chagrin (λυπεῖν) ; et ils n'ont besoin
de personne pour cela ; la destinée s'en chargera bien. Transpo-
sez καί devant ἱκανή.

10. Οὐ γὰρ τοῦ λυπήσοντος
προσδεήσουσι, ils n'auront pas

« σονται· ἱκανὴ γὰρ ἔσται καὶ ἡ γενομένη τύχη
« τοῦτο πορίζειν — ἀλλ᾽ ἰωμένους[1] καὶ πραΰνοντας
« ἀναμιμνήσκειν αὐτοὺς ὅτι ὧν[2] ηὔχοντο τὰ μέγι-
« στα αὐτοῖς οἱ θεοὶ ἐπήκοοι γεγόνασιν. Οὐ γὰρ
« ἀθανάτους[3] σφίσι παῖδας ηὔχοντο γενέσθαι, ἀλλ᾽
« ἀγαθοὺς καὶ εὐκλεεῖς· ὧν ἔτυχον, μεγίστων[4]
« ἀγαθῶν ὄντων · πάντα δὲ οὐ ῥᾴδιον θνητῷ ἀνδρὶ
« κατὰ νοῦν[5] ἐν τῷ ἑαυτοῦ βίῳ ἐκβαίνειν[6]. Καὶ
« φέροντες μὲν ἀνδρείως[7] τὰς ξυμφορὰς δόξουσι τῷ [E
« ὄντι[8] ἀνδρείων παίδων πατέρες εἶναι καὶ αὐτοὶ
« τοιοῦτοι[9], ὑπείκοντες δὲ ὑποψίαν παρέξουσιν[10] ἢ
« μὴ ἡμέτεροι εἶναι ἢ ἡμῶν[11] τοὺς ἐπαινοῦντας

besoin de celui qui excitera leur chagrin, c'est-à-dire ils n'auront pas besoin qu'on excite leur chagrin. — Joindre ἱκανὴ... πορίζειν, suffisante pour. Καὶ ἡ τύχη : l'événement à lui seul.

1. Ἰωμένους καὶ πραΰνοντας. Ces participes présents expriment non pas l'action verbale elle-même, mais l'effort pour accomplir cette action; ils ont même un sens final : c'est pour adoucir leur chagrin qu'on leur rappelle, etc.

2. Ὅτι ὧν, etc. Construisez : ὅτι οἱ θεοὶ ἐπήκοοι-γεγόνασι (ces deux mots forment une seule expression verbale suivi de l'accusatif) τὰ μέγιστα τούτων ἃ ηὔχοντο.

3. Οὐ γὰρ ἀθανάτους. C'est une réplique, peut-être un peu ironale, de la fameuse parole : « Je savais bien que mon fils n'était pas immortel. »

1. Ὧν... μεγίστων ἀγαθῶν, ils ont obtenu des fils vertueux, ce qui est le plus grand bien.

5. Κατὰ νοῦν, selon sa pensée, c'est-à-dire selon son désir.

6. Ἐκβαίνειν, comme plus haut ἀναμιμνήσκειν, dépend toujours du ἀεὶ χρή du commencement.

7. Ἀνδρείως... ἀνδρείων... et à la fin de la phrase ἄνδρας ἀνδρῶν : c'est le mot important, et notre orateur ne craint pas de le répéter.

8. Joindre τῷ ὄντι... πατέρες.

9. Καὶ αὐτοὶ τοιοῦτοι (δόξουσι), ils paraîtront être eux-mêmes des braves.

10. Ὑποψίαν παρέξουσιν, ils donneront lieu à ce soupçon, ils laisseront soupçonner que....

11. Ἢ ἡμῶν. Il faut rapporter ἡμῶν à καταψεύδεσθαι. Voici le sens de ce dilemme : s'ils supportent le malheur, ils prouveront qu'ils sont les pères d'hommes

« καταψεύδεσθαι· χρὴ δὲ οὐδέτερα τούτων, ἀλλ'
« ἐκείνους μάλιστα ἡμῶν ἐπαινέτας[1] εἶναι ἔργῳ,
« παρέχοντας[2] αὑτοὺς φαινομένους τῷ ὄντι πατέρας
« ὄντας ἄνδρας ἀνδρῶν.

« Πάλαι[3] γὰρ δὴ τὸ Μηδὲν ἄγαν λεγόμενον
« καλῶς δοκεῖ λέγεσθαι· τῷ γὰρ ὄντι[4] εὖ λέγεται.
248] « Ὅτῳ γὰρ[5] ἀνδρὶ εἰς ἑαυτὸν[6] ἀνήρτηται πάντα τὰ
« πρὸς εὐδαιμονίαν φέροντα ἢ ἐγγὺς τούτου[7], καὶ
« μὴ[8] ἐν ἄλλοις ἀνθρώποις αἰωρεῖται[9], ἐξ ὧν ἢ εὖ
« ἢ κακῶς πραξάντων[10] πλανᾶσθαι[11] ἠνάγκασται καὶ

braves; sinon, qu'ils ne sont pas les pères d'hommes braves, et, dans ce cas, deux alternatives se présentent : ou nous sommes braves et ils ne sont pas nos pères, ou ils sont nos pères et nous ne sommes pas braves. Ce raisonnement a tout à fait la tournure de ceux des sophistes. — Τοὺς ἐπαινοῦντας, ce sont les auteurs d'oraisons funèbres. (Note de P. Couvreur.)

1. Μάλιστ' ἡμῶν ἐπαινέτας, ils seront nos meilleurs panégyristes, parce qu'ils le seront, non en paroles, mais en action, ἔργῳ.

2. Παρέχοντας αὑτοὺς φαινομένους, « se montrant » ; φαινομένους, paraissant d'une manière évidente.

3. Joindre πάλαι... λεγόμενον.

4. Δοκεῖ λέγεσθαι... τῷ γὰρ ὄντι.... Ὅτῳ γάρ. Ce proverbe est réputé juste; il l'est en effet, car... Voilà bien des mots pour dire peu de chose. — Le Μηδὲν ἄγαν était un des proverbes grecs les plus répandus; c'était un dic-

ton favori des anciens sages, et il était, paraît-il, inscrit sur le fronton du temple de Delphes. Comment ce proverbe s'applique-t-il à ce qui suit? Sans doute l'homme qui fait son bonheur indépendant des choses, des êtres et des événements, est aussi quelqu'un qui ne recherche pas le superflu. Mais ce proverbe n'était pas ici particulièrement indiqué.

5. Ὅτῳ... ἀνδρί : comme s'il y avait ὁ ἀνὴρ ὅτῳ.

6. Εἰς ἑαυτὸν ἀνήρτηται, (celui dont le bonheur), mot à mot : est rattaché à lui-même, c'est-à-dire dépend de lui-même.

7. Ἢ ἐγγὺς τούτου : génitif neutre.

8. Μή et non pas οὐ. Ὅτῳ a en effet le sens de εἴ τινι.

9. Αἰωρεῖται. Αἰωρεῖσθαι signifie être suspendu, ici : dépendre de.

10. Πραξάντων : participe à sens conditionnel.

11. Πλανᾶσθαι (continue la mé-

« τὰ ἐκείνου, τούτῳ ἄριστα παρεσκεύασται ζῆν[1],
« οὗτός ἐστιν ὁ σώφρων[2] καὶ οὗτος ὁ ἀνδρεῖος καὶ
« φρόνιμος· οὗτος γιγνομένων χρημάτων καὶ παί-
« δων καὶ διαφθειρομένων μάλιστα πείσεται τῇ
« παροιμίᾳ· οὔτε γὰρ χαίρων οὔτε λυπούμενος
« ἄγαν[3] φανήσεται διὰ τὸ αὑτῷ πεποιθέναι[4]. Τοι-
« ούτους δὲ ἡμεῖς γε[5] ἀξιοῦμεν καὶ τοὺς ἡμετέρους [B
« εἶναι καὶ βουλόμεθα καὶ φαμεν[6], καὶ ἡμᾶς αὐτοὺς
« νῦν παρέχομεν τοιούτους· οὐκ ἀγανακτοῦντας
« οὐδὲ φοβουμένους ἄγαν[7], εἰ δεῖ τελευτᾶν ἐν τῷ
« παρόντι. Δεόμεθα δὴ καὶ πατέρων καὶ μητέρων,
« τῇ αὐτῇ ταύτῃ διανοίᾳ χρωμένους τὸν ἐπίλοιπον
« βίον διάγειν[8], καὶ εἰδέναι ὅτι οὐ θρηνοῦντες οὐδὲ
« ὀλοφυρόμενοι ἡμᾶς ἡμῖν[9] μάλιστα χαριοῦνται,
« ἀλλ' εἴ τις ἔστι τοῖς τετελευτηκόσιν αἴσθησις

taphore de αἰωρεῖται) : errer, aller d'un côté à l'autre ; ici : aller du bien au mal.

1. Construisez : ζῆν, sujet de παρεσκεύασται; ἄριστα, adverbe se rattachant à ζῆν.

2. Ὁ σώφρων. L'article accentue ici l'idée, et a presque la valeur d'un démonstratif (cf. Croiset, § 383) : (celui-là est) l'homme tempérant, cet homme prudent (que chacun doit être). — Σώφρων, prudent; ἀνδρεῖος, courageux; φρόνιμος, sage.

3. Ἄγαν. C'est jouer sur le sens du proverbe, ou, du moins, l'entendre d'une manière bien superficielle.

4. Αὑτῷ πεποιθέναι, ne se fier qu'à soi, ne dépendre que de soi.

5. Ἡμεῖς, nous, c'est-à-dire les combattants (ceux qui sont maintenant ensevelis dans le monument funèbre).

6. Καὶ βουλόμεθα καὶ φαμεν. Toujours trop de mots.

7. Οὐδὲ φοβουμένους ἄγαν. Encore la même allusion malencontreuse au proverbe.

8. Χρωμένους... διάγειν. L'idée principale est ici dans le participe : c'est une tournure très fréquente en grec.

9. Ἡμᾶς ἡμῖν. Les deux mots sont rapprochés à dessein, mais sans qu'aucune nuance de sens justifie cet effet de style, purement formel.

C] « τῶν ζώντων[1], οὕτως[2] ἀχάριστοι εἶεν ἂν μάλιστα,
« ἑαυτούς τε κακοῦντες καὶ βαρέως φέροντες τὰς
« ξυμφοράς· κούφως δὲ καὶ μετρίως[3] μάλιστ᾽ ἂν
« χαρίζοιντο. Τὰ μὲν γὰρ ἡμέτερα[4] τελευτὴν ἤδη
« ἕξει, ἥπερ καλλίστη γίγνεται ἀνθρώποις, ὥστε
« πρέπει αὐτὰ μᾶλλον κοσμεῖν ἢ θρηνεῖν· γυναι-
« κῶν δὲ τῶν ἡμετέρων καὶ παίδων ἐπιμελούμενοι
« καὶ τρέφοντες[5] καὶ ἐνταῦθα[6] τὸν νοῦν τρέποντες
« τῆς τε τύχης μάλιστ᾽ ἂν εἶεν ἐν λήθῃ[7] καὶ ζῷεν
D] « κάλλιον καὶ ὀρθότερον[8] καὶ ἡμῖν προσφιλέστερον.
« Ταῦτα δὴ[9] ἱκανὰ[10] τοῖς ἡμετέροις παρ᾽ ἡμῶν
« ἀγγέλλειν· τῇ δὲ πόλει παρεκελευόμεθ᾽ ἄν[11], ὅπως
« ἡμῖν καὶ πατέρων καὶ ὑέων ἐπιμελήσονται[12], τοὺς

1. Εἴ τις... τῶν ζώντων. Formule habituelle aux Grecs, lorsqu'ils parlaient de la vie future,
sur laquelle leurs idées étaient
très vagues.

2. Οὕτως, en faisant comme il
suit.

3. Κούφως δὲ καὶ μετρίως....
C'est une forte ellipse; mais l'o-
rateur, en appuyant sur le δέ,
dont le sens est ici très fort, la
rendait facile à comprendre. Cette
proposition n'est d'ailleurs qu'une
inutile répétition, sous la forme
positive, de la proposition précédente.

4. Τὰ ἡμέτερα, c'est-à-dire
« nous ». — Quelquefois, en effet,
par périphrase, le pronom pos-
sessif au neutre, accompagné de
l'article, tient lieu du pronom
personnel; on emploie de la même
manière l'article suivi du génitif.

5. Γυναικῶν... τρέφοντες : zeugma.

6. Ἐνταῦθα, c'est-à-dire εἰς τὸ
ἐπιμελεῖσθαι καὶ τρέφειν.

7. Ἐν λήθῃ τῆς τύχης. L'expression est solennelle à dessein.

8. Κάλλιον καὶ ὀρθότερον. L'i-
dée d'ὀρθότερον est déjà contenue
dans κάλλιον ἡμῖν προσφιλέστερον. L'orateur tient beaucoup à
cet argument, qu'il répète à sa-
tiété.

9. Δή : pour marquer la conclusion.

10. Ἱκανὰ... ἀγγέλλειν. Voyez
Croiset, § 596, Remarque.

11. Παρεκελευόμεθ᾽ ἄν..., « nous
l'engagerions », si besoin en était;
mais il n'en est pas besoin (νῦν δὲ
ἐσμεν).

12. Ὅπως... ἐπιμελήσονται. Voy.
Croiset, § 652.

« μὲν παιδεύοντες κοσμίως, τοὺς δὲ γηροτροφοῦν-
« τες ἀξίως· νῦν δὲ ἴσμεν ὅτι, καὶ ἐὰν μὴ ἡμεῖς
« παρακελευώμεθα, ἱκανῶς ἐπιμελήσεται[1]. »

XXI. « Ταῦτα οὖν[2], ὦ παῖδες καὶ γονῆς τῶν
τελευτησάντων, ἐκεῖνοί τε ἐπέσκηπτον ἡμῖν ἀπαγγέλλειν, καὶ ἐγὼ ὡς δύναμαι προθυμότατα ἀπαγ- [E
γέλλω[3]· καὶ αὐτὸς δέομαι ὑπὲρ ἐκείνων, τῶν μὲν[4]
μιμεῖσθαι τοὺς αὑτῶν, τῶν δὲ θαρρεῖν ὑπὲρ αὑτῶν[5],
ὡς[6] ἡμῶν καὶ ἰδίᾳ καὶ δημοσίᾳ γηροτροφησόντων
ὑμᾶς καὶ ἐπιμελησομένων[7], ὅπου[8] ἂν ἕκαστος
ἑκάστῳ ἐντυγχάνῃ ὁτῳοῦν τῶν ἐκείνων. Τῆς δὲ
πόλεως ἴστε πού[9] καὶ αὐτοὶ τὴν ἐπιμέλειαν, ὅτι
νόμους θεμένη περὶ τοὺς τῶν ἐν τῷ πολέμῳ τελευτησάντων παῖδάς τε καὶ γεννήτορας ἐπιμέλεται, καὶ
διαφερόντως[10] τῶν ἄλλων πολιτῶν προστέτακται [249
φυλάττειν ἀρχῇ ἥπερ μεγίστη, ἐστὶν[11], ὅπως ἂν οἱ

1. Τῇ πόλει... ὅπως;... ἐπιμελήσονται.. ἐπιμελήσεται. Double
changement de nombre.

2. Ταῦτα οὖν.... L'orateur reprend la parole pour son compte.

3. Ἀπαγγέλλειν... ἀπαγγέλλω.
Cette répétition est destinée à
produire un effet de solennité.

4. Τῶν μέν, les fils; τῶν δέ, les
parents.

5. Θαρρεῖν ὑπὲρ αὑτῶν, de se
rassurer sur leur propre sort.

6. Ὡς, dans la pensée que.

7. Ὑμᾶς καὶ ἐπιμελησομένων:
zeugma. Nous en avons déjà relevé plusieurs; on peut croire
que l'orateur recherche à dessein

cette tournure, quelque peu af-
fectée.

8. Ὅπου, etc. Construisez: ὅπου
ἕκαστος [ἡμῶν] ἂν ἐντυγχάνῃ
ἑκάστῳ ὁτῳοῦν τῶν [γονέων] ἐκείνων [τῶν τελευτησάντων].

9. Πού, en quelque manière,
peut-être; ici : sans doute.

10. Διαφερόντως τῶν ἄλλων,
d'une façon différente, exception-
nelle, c'est-à-dire ici : avant les
autres; les orphelins sont confiés
à tous les citoyens, mais spécia-
lement à un magistrat.

11. Ἀρχῇ ἥπερ. Il s'agit du premier archonte, qu'on appelle plus
tard éponyme.

τούτων μὴ ἀδικῶνται[1] πατέρες τε καὶ μητέρες· τοὺς
δὲ παῖδας συνεκτρέφει αὐτὴ, προθυμουμένη ὅ τι
μάλιστ'[2] ἄδηλον αὐτοῖς τὴν ὀρφανίαν γενέσθαι, ἐν
πατρὸς σχήματι[3] καταστᾶσα αὐτοῖς αὐτὴ ἔτι τε[4]
παισὶν οὖσιν, καὶ ἐπειδὰν εἰς ἀνδρὸς[5] τέλος ἴωσιν
ἀποπέμπει ἐπὶ τὰ σφέτερ' αὐτῶν[6], πανοπλίᾳ[7] κοσ-
μήσασα, ἐνδεικνυμένη καὶ ἀναμιμνήσκουσα[8] τὰ τοῦ
B] πατρὸς ἐπιτηδεύματα ὄργανα τῆς πατρῴας ἀρετῆς
διδοῦσα[9], καὶ ἅμα οἰωνοῦ χάριν[10] ἄρχεσθαι ἰέναι
ἐπὶ τὴν πατρῴαν ἑστίαν ἄρξοντα μετ' ἰσχύος ὅπλοις
κεκοσμημένον. Αὐτοὺς δὲ τοὺς τελευτήσαντας

1. Μὴ ἀδικῶνται. La place de
ce verbe entre τούτων... πατέρες
n'est pas ordinaire; elle a d'ailleurs été voulue, pour rendre plus
forte l'opposition πατέρες τε καὶ
μητέρες... τοὺς δὲ παῖδας.

2. Ὅτι μάλιστα. Cf. Croiset,
§ 431.

3. Σχήματι, proprement : la
manière d'être; ici : l'attitude, le
rôle.

4. Ἔτι τε.... Te oppose toute
cette première partie de la phrase
à la suivante : καὶ ἐπειδάν.

5. Ἀνδρὸς τέλος, l'achèvement
du développement de l'homme,
l'âge adulte.

6. Τὰ σφέτερα αὐτῶν, jusque-
là sous la tutelle de l'État, on leur
rend alors l'administration de
leurs propres biens.

7. Πανοπλίᾳ. Au sortir de l'a-
dolescence, lorsqu'avait lieu la
revue au théâtre, tous ceux qui
devaient le service militaire, re-
cevaient une lance et un bou-

clier (Aristote, Πολιτεία Ἀθην.,
XLII, 4). Le reste de l'équipement
était à la charge de chacun. Les
pauvres trouvaient à s'armer dans
les arsenaux de l'État; même en
412, alors qu'une guerre déjà si
longue devait avoir épuisé les
réserves, les Athéniens purent
encore pourvoir de panoplies
500 Argiens armés à la légère.
Aux orphelins, comme il est dit
plus loin, on donnait l'armure
même de leurs pères.

8. Joignez ἀναμιμνήσκουσα...
ἐπιτηδεύματα et ὄργανα... διδοῦσα.

9. Le participe διδοῦσα dépend
en quelque sorte de la proposition ἐνδεικνυμένη... ἐπιτηδεύματα, qu'elle explique.

10. Οἰωνοῦ χάριν, « pour que
ce soit un bon présage », la cité
permet à l'éphèbe (διδοῦσα, qu'il
faut répéter ici devant l'infinitif),
etc. — Ἄρξοντα. Ce participe
futur a ici un sens intentionnel :

τιμῶσα[1] οὐδέποτε ἐχλείπει, χαθ᾽ ἕχαστον ἐνιαυτὸν[2] αὐτὴ τὰ νομιζόμενα ποιοῦσα κοινῇ πᾶσιν ἅπερ ἰδίᾳ ἑχάστῳ γίγνεται[3], πρὸς δὲ τούτοις ἀγῶνας γυμνιχοὺς καὶ ἱππιχοὺς τιθεῖσα καὶ μουσικῆς πάσης[4], καὶ ἀτεχνῶς[5] τῶν μὲν τελευτησάντων ἐν κληρονόμου καὶ ὑέος μοίρᾳ καθεστηχυῖα, τῶν δὲ ὑέων ἐν πατρὸς, [c γονέων δὲ τῶν τούτων ἐν ἐπιτρόπου, πᾶσαν πάντων παρὰ πάντα[6] τὸν χρόνον ἐπιμέλειαν ποιουμένη. Ὧν χρὴ ἐνθυμουμένους πραότερον φέρειν τὴν ξυμφορὰν· τοῖς τε γὰρ τελευτήσασι καὶ τοῖς ζῶσιν οὕτως ἂν προσφιλέστατοι εἶτε καὶ ῥᾷστοι[7] θεραπεύειν τε

« pour qu'il régisse...·». — Remarquez, du commencement à la fin de cette longue phrase, le passage du pluriel au singulier : τοὺς παῖδας...κεκοσμημένον.

1. Τιμῶσα οὐδέποτε ἐχλείπει, elle ne cesse jamais de les honorer. Construction analogue à celle de παύεσθαι (Cf. Croiset, § 605).

2. Καθ᾽ ἕχαστον ἐνιαυτόν. A l'origine, il n'y avait pas tous les ans de semblables cérémonies. Ces cérémonies se faisaient l'année même où des citoyens avaient été tués, à la fin de la campagne. Mais, au temps de Platon, c'était devenu une solennité annuelle, qu'il y eût ou non des morts.

3. Αὐτὴ... γίγνεται. Par cette phrase antithétique, l'orateur veut dire simplement que la cité ensevelit ses morts absolument comme chaque particulier ensevelit les siens, et qu'en outre (πρὸς δὲ τούτοις)...

4. Μουσικῆς πάσης. On a peu de renseignements sur les jeux qui accompagnaient cette cérémonie funèbre. Μουσικὴ πάση désigne l'ensemble des arts fondés sur l'harmonie des sons et le rythme (poésie lyrique, dramatique, et même la danse).

5. Ἀτεχνῶς, etc. C'est la répétition presque identique de ce qui vient d'être dit plus haut (A). — Μοίρᾳ, comme plus haut σχήματι.

6. Πᾶσαν πάντων παρὰ πάντος. Nous avons déjà vu pareil effet de style.

7. Ῥᾷστοι est ici employé dans deux sens différents, devant chacun des deux verbes : « vous serez ainsi plus aptes à rendre vos devoirs aux autres — et plus faciles à soigner ». — Θεραπεύειν a également deux sens différents, selon qu'il s'agit de morts (θεραπεύειν τε s'applique en effet τοῖς τελευτήσασι) ou de vivants : καὶ θεραπεύεσθαι (τοῖς ζῶσιν), De pareils

καὶ θεραπεύεσθαι. Νῦν δὲ[1] ἤδη ὑμεῖς τε καὶ οἱ ἄλλοι πάντες κοινῇ κατὰ τὸν νόμον[2] τοὺς τετελευτη- κότας ἀπολοφυράμενοι ἄπιτε. »

D] XXII. Οὗτός σοι ὁ λόγος, ὦ Μενέξενε, Ἀσπα- σίας τῆς Μιλησίας ἐστιν.

MEN. Νὴ Δία, ὦ Σώκρατες, μακαρίαν γε λέγεις τὴν Ἀσπασίαν, εἰ γυνὴ οὖσα[3] τοιούτους λόγους οἵα τ᾽ ἐστὶ συντιθέναι.

ΣΩ. Ἀλλ᾽ εἰ μὴ πιστεύεις, ἀκολούθει μετ᾽ ἐμοῦ, καὶ ἀκούσει αὐτῆς λεγούσης[4].

MEN. Πολλάκις, ὦ Σώκρατες, ἐγὼ ἐντετύχηκα Ἀσπασίᾳ, καὶ οἶδα οἵα ἐστίν.

E] ΣΩ. Τί οὖν[5]; οὐκ[6] ἄγασαι αὐτὴν καὶ νῦν χάριν ἔχεις τοῦ λόγου αὐτῇ;

MEN. Καὶ πολλήν γε, ὦ Σώκρατες, ἐγὼ χάριν ἔχω τούτου τοῦ λόγου ἐκείνῃ ἢ ἐκείνῳ, ὅστις σοι ὁ εἰπών ἐστιν αὐτόν· καὶ πρός γε ἄλλην πολλὴν χάριν ἔχω τῷ εἰπόντι[7].

procédés de style sont toujours condamnables. La première pro- position : τοῖς τε γὰρ... προφιλέ- στατοι εἶτε est très claire, la sui- vante, qui veut renchérir, n'est qu'une pointe et n'a pas grand sens.

1. Νῦν δὲ... ἄπιτε. C'est la for- mule consacrée.

2. Οἱ ἄλλοι πάντες : ceux qui ne sont pas parents des morts.

3. Γυνὴ οὖσα. La moquerie à l'égard des orateurs est ici évi- dente. Si une femme est capable de faire un tel discours, quel

mérite y ont des hommes? Mé- nexène ne peut plus maintenant avoir de doutes sur l'intention ironique de Socrate, et la signifi- cation de son discours, aussi entre-t-il lui-même dans la plai- santerie.

4. Αὐτῆς λεγούσης. Socrate ne peut résister au malin plaisir d'i- maginer Aspasie débitant ce grave et pompeux discours.

5. Τί οὖν; « eh bien ! »

6. Οὐκ équivaut au latin nonne et retombe sur toute la phrase.

7. Πρός· employé adverbiale-

ΣΩ. Εὖ ἂν ἔχοι[1] · ἀλλ' ὅπως[2] μου μὴ κατερεῖς,
ἵνα καὶ αὖθίς σοι πολλοὺς[3] καὶ καλοὺς λόγους παρ'
αὐτῆς πολιτικοὺς ἀπαγγέλλω.

MEN. Θάρρει, οὐ κατερῶ· μόνον ἀπάγγελλε.

ΣΩ. Ἀλλὰ ταῦτ' ἔσται.

ment. — Τῷ εἰπόντι, c.-à-d. τῷ μοι εἰπόντι, par opposition à ὅστις σοι ὁ εἰπών. — Ménexène laisse entendre qu'il n'est pas dupe.

1. Εὖ ἂν ἔχοι, « voilà qui est bien ». Socrate accepte en souriant les remerciements; mais aussitôt il reprend, plaisamment, son rôle : ἀλλ' ὅπως.

2. Ὅπως μή a ici le sens impératif du ne latin.

3. Καὶ αὖθίς σοι πολλοὺς.... De beaux discours politiques, Aspasie peut en faire à la douzaine. Remarquez l'intention moqueuse avec laquelle Socrate rapproche ces deux mots : παρ' αὐτῆς... πολιτικούς.

FIN

TABLE DES MATIÈRES

58559. — Imprimerie Lahure, 9, rue de Fleurus, à Paris.

LIBRAIRIE HACHETTE ET Cie

79, Boulevard Saint-Germain, 79, à Paris.

NOUVELLE COLLECTION DE CLASSIQUES

FRANÇAIS, LATINS, GRECS ET ÉTRANGERS

à l'usage des élèves. — Format petit in-16 cartonné

LANGUE FRANÇAISE

Boileau : *Œuvres poétiques* (Brunetière). . . . . **1 fr. 50**
— *L'art poétique*, séparément (Brunetière). . . . . . . » 30
— *Les Épîtres*, séparément (Brunetière). . . . . » 60
— *Le Lutrin*, séparément (Brunetière). . . . . » 30
— *Poésies, Extraits des œuvres en prose* (Brunetière). . **2 fr.** »
Bossuet : *Connaissance de Dieu* (de Lens). . . . . 1 fr. 60
— *Sermons choisis* (Rébelliau). . . . . 3 fr. »
— *Oraisons funèbres* (Rébelliau). . . . . 2 fr. 50
— *Extraits des œuvres diverses* (Rébelliau). . . . . . . » »
Buffon : *Discours sur le style* (E. Dupré). . . . . . . » 30
— *Morceaux choisis* (E. Dupré). . . . . 1 fr. 50
Chanson de Roland : *Extraits* (G. Paris). . . . . . . 1 fr. 50
Chateaubriand : *Récits, scènes et paysages* (Brunetière) » »
Chefs-d'œuvre poétiques de Marot, Ronsard, Du
Bellay, D'Aubigné, Régnier, etc. (Lemercier) . . . **2 fr.** »
Choix de lettres du XVIIe siècle (Lanson) . . . . . 2 fr. 50
Choix de lettres du XVIIIe siècle (Lanson). . . . . 2 fr. 50
Chrestomathie du moyen âge (G. Paris et Langlois). 3 fr. »
Condillac : *Traité des sensations*, liv. 1 (Charpentier). . 1 fr. 50
Corneille : *Cinna* (Petit de Julleville) . . . . 1 fr. »
— *Horace* (Petit de Julleville) . . . . 1 fr. »
— *Le Cid* (Petit de Julleville). . . . . 1 fr. »
— *Nicomède* (Petit de Julleville) . . . . 1 fr. »

LANGUE LATINE

LANGUE GRECQUE

Lucien (Suite) : *Dialogues des morts, des Dieux, etc.*
(Tournier et Desrousseaux) . . . . » . »
— *Extraits : Timon d'Athènes, le Songe, etc.* (V. Gla-
chant).. . . . . 1 fr. 80
— *Morceaux choisis* (Talbot) . . . . 2 fr. »

Platon : *Criton* (Ch. Waddington) . . . . » 50
— *République, vi° livre* (Aubé) . . . . 1 fr. 50
— *République, vii° livre* (Aubé) . . . . 1 fr. 50
— *République, viii° livre* (Aubé) . . . . 1 fr. 50
— *Phédon* (Couvreur). . . . . 1 fr. 50
— *Morceaux choisis* (Poyard) . . . . 2 fr. »
— *Extraits* (Dalmeyda).. . . . . 3 fr. 50

Plutarque : *Vie de Cicéron* (Graux). . . . . 1 fr. 50
— *Vie de Démosthène* (Graux) . . . . 1 fr. »
— *Vie de Périclès* (Jacob) . . . . 1 fr. 50
— *Morceaux choisis des biographies* (Talbot) 2 vol. : les
Grecs illustres, 1 vol. 2 fr. ; les Romains illustres, 1 vol. 2 fr. »
— *Morceaux choisis des Œuvres morales* (V. Bétolaud) . 2 fr. »
— *Extraits suivis des Vies parallèles* (Bessières). . . 2 fr. »

Sophocle: *Théâtre* (Tournier) : *Ajax* ; *Antigone* ; *Electre* ; ·
Œdipe roi ; *Œdipe à Colone* ; *Philoctète* ; *Trachinien-*
nes. Chaque tragédie . . . . 1 fr. »
— *Morceaux choisis* (Tournier) . . . . 2 fr. » .

Thucydide : *Morceaux choisis* (Croiset). . . . . . . 2 fr. »

Xénophon : *Economique* (Graux et Jacob). . . . . . 1 fr. 50
— *Extraits de la Cyropédie* (J. Petitjean) . . . . . 1 fr. 50
— *Mémorables, livre 1* (Lebègue). . . . . 1 fr. »
— *Extraits des Mémorables* (Jacob). . . . . 1 fr. 50
— *Morceaux choisis* (de l'arnajon) . . . . 2 fr. »
— *Anabase, les sept livres* (Couvreur) . . . . 3 fr. »

LANGUE ALLEMANDE

Auerbach : *Récits villageois de la Forêt-Noire* (B. Lévy) 2 fr. 50

Benedix : *Le procès* (Lange) . . . . » 60
— *L'Entêtement* (Lange). . . . . » 60
— *Scènes choisies du théâtre de famille* (Feuillié) . . . 1 fr. 50

Chamisso : *Pierre Schlemihl* (Koell) . . . . 1 fr. »

LANGUE ANGLAISE

Choix de contes anglais (Beaujeu) . . . . 1 fr. 50
Cook : *Extraits des voyages* (Angellier) . . . . 2 fr. »
Dickens : *Un conte de Noël* (Fiévet) . . . . 1 fr. 50
Edgeworth : *Forester* (Al. Beljame) . . . . 1 fr. 50
— *Contes choisis* (Motheré) . . . . 2 fr. »
— *Old Pos* (Beljame) . . . . » 40
Eliot (G.) : *Silas Marner* (A. Malfroy) . . . . 2 fr. 50
Foë (Daniel de) : *Robinson Crusoé* (Al. Beljame) . . . 1 fr. 50
Franklin : *Autobiographie* (E. Fiévet) . . . . 1 fr. 50
Goldsmith : *Le Vicaire de Wakefield* (A. Beljame) . . 1 fr. 50
— *Le Voyageur; le Village abandonné* (Motheré) . . . » 75
— *Essais choisis* (Mac Enery) . . . . 1 fr. 50
Gray : *Choix de poésies* (Legouis) . . . . 1 fr. 50
Irving (W.) : *Vies et voyages de Christ. Colomb* (E. Chasles) 2 fr. »
— *Le livre d'esquisses* (Fiévet) . . . . 2 fr. »
Macaulay : *Morceaux choisis des Essais* (Beljame) . . 2 fr. 50
— *Morceaux choisis de l'Histoire d'Angleterre* (Battier) . 2 fr. 50
Milton : *Le Paradis perdu, livres I et II* (Beljame) . . » 90
Pope : *Essai sur la critique* (Motheré) . . . . » 75
Shakespeare : *Jules César* (C. Fleming) . . . . 1 fr. 25
— *Henri VIII* (Morel) . . . . 1 fr. 25
— *Macbeth* (Morel) . . . . 1 fr. 80
— *Othello* (Morel) . . . . 1 fr. 80
Swift : *Les voyages de Gulliver* (E. Fiévet) . . . . . 1 fr. 80
Tennyson : *Enoch Arden* (Beljame) . . . . 1 fr. »
Walter Scott : *Extraits des contes d'un grand-père* (Talandier) . . . . 1 fr. 50
— *Morceaux choisis* (Battier) . . . . 3 fr. »

OUVRAGES

A L'USAGE DES

CANDIDATS AU BACCALAURÉAT

DE L'ENSEIGNEMENT SECONDAIRE CLASSIQUE ET MODERNE

Programmes des examens du baccalauréat de l'enseignement secondaire classique. Brochure in-16.... 30 c.

Programmes des examens du baccalauréat de l'enseignement secondaire moderne. Brochure in-16.... 30 c.

Mémento du baccalauréat de l'enseignement secondaire classique et moderne, édition entièrement refondue et conforme aux programmes derniers, format petit in-16, cartonné :

Littérature, par M. Albert Le Roy. Nouvelle édition entièrement refondue. (*Baccalauréat classique,* 1ʳᵉ *partie.*) 1 vol. 5 fr.

Histoire et Géographie, par MM. G. Ducoudray et Augustin Poux. (*Baccal. classique et moderne,* 1ʳᵉ *partie.*) 1 vol. 3 fr. 50

Partie scientifique, par MM. Bos et Barré, astronome adjoint à l'Observatoire de Paris. (*Baccal. classique,* 1ʳᵉ *part.*) 1 vol. 2 fr.

Philosophie. Histoire contemporaine, par MM. R. Thamin et G. Ducoudray. (*Baccal. classique et moderne,* 2ᵉ *partie,* 1ʳᵉ *série.*) 1 vol................ 3 fr. 50

Éléments de Physique et de Chimie, nouvelle édition avec la notation atomique, par M. Banet-Rivet, professeur au lycée Michelet. (*Baccal. class.,* 2ᵉ *partie,* 1ʳᵉ *série.*) 1 vol. 2 fr.

Histoire naturelle, par MM. Mangin, prof. au lycée Louis-le-Grand, et Retterer, prof. agrégé à la Faculté de médecine. (*Baccal. classique et moderne,* 2ᵉ *partie,* 1ʳᵉ *et* 2ᵉ *series.*) 1 vol. » »

Mathématiques, par MM. Bos, Bezodis, Pichot et Mascart, agrégés de l'Université. (*Baccal. classique,* 2ᵉ *partie,* 2ᵉ *série.* — *Baccal. moderne,* 2ᵉ *partie,* 3ᵉ *série.*) 1 vol..... 5 fr.

Physique et Chimie, nouvelle édition avec la notation atomique, par M. Banet-Rivet. (*Baccal. classique,* 2ᵉ *partie,* 2ᵉ *série.* — *Baccal. moderne,* 2ᵉ *partie,* 3ᵉ *série.*) 1 vol... 5 fr. 50

Éléments de Philosophie scientifique et morale. Histoire contemporaine, par MM. Worms et G. Ducoudray. (*Baccal. classique,* 2ᵉ *partie,* 2ᵉ *série.* -- *Baccal. moderne,* 2ᵉ *partie,* 2ᵉ *et* 3ᵉ *séries.*) 1 vol............ 2 fr.

BACCALAURÉAT — PREMIÈRE PARTIE

ÉPREUVES ÉCRITES

VERSION LATINE

Lexique latin-français, rédigé conformément au décret du 19 juin 1880, à l'usage des candidats au baccalauréat, par M. Châtelain, chargé de cours à la Faculté des lettres de Paris; 3 édit., revue et corrigée. 1 vol. in-16, cartonnage toile. 6 fr.
Reconnu conforme à la note officielle du 29 janvier 1881.

Cours de versions latines, à l'usage des candidats au baccalauréat. 125 textes précédés de notices sur les auteurs et accompagnés de notes, par M. Tridon-Péronneau, agrégé des classes supérieures. *Textes et traductions*. 2 volumes in-16, brochés. . . . 3 fr. 50
On vend séparément :
Textes latins. 1 vol. 2 fr. Traductions françaises. 1 vol. 1 fr. 50

Recueil de versions latines, dictées à la Sorbonne pour les examens du baccalauréat de 1891 à 1898, par M. Uri, docteur ès lettres, secrétaire des conférences à la Faculté des lettres de Paris. *Textes et traductions*. 2 volumes in-16, brochés. . . . . 3 fr.
On vend séparément :
Textes latins. 1 vol. 1 fr. 50 Traductions françaises. 1 vol. 1 fr. 50

COMPOSITION FRANÇAISE

Recueil de compositions françaises, à l'usage des candidats au baccalauréat, par M. Tridon-Péronneau. 5ᵉ éd. 1 vol. in-16, br. 2 fr.

Nouveau recueil des compositions françaises, à l'usage des candidats au baccalauréat, par M. Tridon-Péronneau. 1 vol. in-16, broché. 1 fr.

Questions de littérature et d'histoire, réponses aux questions les plus difficiles posées dans les examens oraux du baccalauréat. par M. Tridon-Péronneau. 1 vol. in-16, broché . . . . . . 1 fr.

Recueil de compositions françaises, lettres, récits, discours, dissertations (sujets et développements), à l'usage des candidats au baccalauréat et à l'école de Saint-Cyr, par M. Marais, ancien professeur au collège Sainte-Barbe. 1 vol. in-16, broché. . . 1 fr. 50

Conseils sur l'art d'écrire. Principes de composition et de style, par M. G. Lanson, maître de conférences à l'École normale supérieure. 1 vol. in-16, cart. toile. . . . . 2 fr. 50

Études pratiques de composition française, sujets préparés et commentés pour servir de complément aux *Conseils sur l'art d'écrire*, par M. Lanson. 1 vol. in-16, cart. toile. . . . . . 2 fr.

Histoire de la littérature française depuis les origines jusqu'à nos jours, par M. G. Lanson, 5ᵉ édition revue, corrigée et complétée. 1 volume in-16, broché . . . . 4 fr.
Cartonné toile. . . . . 4 fr. 50

Modèles de composition française, empruntés aux écrivains classiques; comprenant des descriptions, des portraits, des narrations, des dialogues, des lettres, des discours, des dissertations morales et littéraires, avec des arguments et des préceptes sur chaque genre de composition, à l'usage des classes supérieures et des candidats au baccalauréat; publiés par M. Chassang, ancien inspecteur général de l'instruction publique. 1 vol. in-16 cartonné. . . . . 2 fr.

Sujets et modèles de composition française, à l'usage des classes supérieures et des candidats au baccalauréat, publiés par M. Pellissier, ancien professeur au collège Sainte-Barbe. 1 vol. in-16, cartonné. . . . . 2 fr. 50

La composition française à l'examen de Saint-Cyr, par M. J. Berthet, professeur de rhétorique au lycée Condorcet. 1 vol. in-16, broché. . . . . 2 fr.

LANGUES VIVANTES

Lexique français-allemand, rédigé conformément au décret du 19 juin 1880, à l'usage des candidats au baccalauréat, par M. Koch, professeur au lycée Saint-Louis; nouv. édit. 1 vol. in-16, cart. 4 fr.
Reconnu conforme à la note officielle du 29 janvier 1881.

Cours de thèmes allemands, à l'usage des classes supérieures et des candidats au baccalauréat et à l'école de Saint-Cyr, par M. Scherdlin, professeur au lycée Charlemagne. 1 vol. in-16, cartonné. . . . . 3 fr.

Traduction allemande du Cours de thèmes. 1 volume in-16, broché. . . . . 3 fr. 50

Cours de thèmes allemands, accompagnés de vocabulaires, par M. Bacharach. 1 vol. in-16, cartonné. . . . . 3 fr. 50

Cours de thèmes allemands, par M. Riquiez, professeur agrégé d'allemand au lycée Henri IV. 1 vol. in-16, cartonné. . . 1 fr. 50

Lexique français-anglais, rédigé conformément au décret du 19 juin 1880, à l'usage des candidats au baccalauréat, par MM. Battier et Legrand, agrégés de l'Université; nouv. éd. 1 vol. in-16, cart. 4 fr.
Reconnu conforme à la note officielle du 29 janvier 1881.

Cours de thèmes anglais, à l'usage des classes supérieures et des candidats au baccalauréat, par M. Morel, professeur au lycée Louis-le-Grand. 1 vol. in-16, cartonné . . . . 2 fr. 50

ÉPREUVES ORALES

RHÉTORIQUE ET LITTÉRATURE CLASSIQUE

Études littéraires sur les classiques français des classes supérieures et du baccalauréat, par M. Merlet, ancien professeur de rhétorique au lycée Louis-le-Grand; revues, continuées et mises au courant des derniers programmes, par M. E. Lintilhac, professeur de rhétorique au lycée Janson-de-Sailly. 2 vol. in-16, br. . 8 fr.
I. Corneille. — Racine. — Molière. — La Fontaine. — Boileau. 1 volume. . . . . 4 fr.
II. Chanson de Roland. — Villehardouin. — Joinville. — Froissart. — Commynes. — Marot. — Ronsard. — J. du Bellay. — A. d'Aubigné. — M. Régnier. — Montaigne. — Pascal. — Bossuet. — Fénelon. — La Bruyère. — Montesquieu. — Buffon. — Voltaire. — Diderot. — J.-J. Rousseau. — Lettres du XVIIe et du XVIIIe siècles. — Chateaubriand. — Lamartine. — Victor Hugo. — Michelet. 1 volume. 4 fr.

Morceaux choisis des auteurs français des XVI⁰, XVII⁰, XVIII⁰ et XIX⁰ siècles, publiés conformément aux programmes du 28 janvier 1890 à l'usage de l'enseignement secondaire, avec un aperçu sur la littérature française, des notices et des notes, par M. Albert Cahen, professeur de rhétorique au lycée Louis-le-Grand, classes de Troisième, Seconde et Rhétorique. 2 vol. in-16, cart. toile :

    Prose, 1 vol. . . . . **4 fr.**
    Poésie, 1 vol. . . . . **3 fr. 50**

Textes classiques de la littérature française, extraits des grands écrivains, avec notices biographiques et bibliographiques, appréciations littéraires et notes explicatives par M. Demogeot; nouvelle édition. 2 vol. in-16, cartonnés. . . . . **6 fr.**

    I. *Moyen âge, seizième et dix-septième siècles*. 1 vol. **3 fr.**
    II. *Dix-huitième et dix-neuvième siècles*. 1 vol. . . . **3 fr.**

Éléments de rhétorique française, par M. Filon. 1 vol. in-16, broché. . . . . **2 fr. 50**

Principes de rhétorique française, par M. Pellissier. 1 vol. in-16, cartonné . . . . **2 fr. 50**

Histoire de la littérature française des origines jusqu'à nos jours, par M. Lanson, maître de conférences à l'École normale supérieure, 5⁰ édit., revue, corrigée et complétée. 1 fort volume in-16, broché . . . . **4 fr.**
    Cartonné toile. **4 fr. 50**

Histoire de la littérature latine, des origines à la fin du v⁰ siècle après J.-C., par M. Pichon, professeur de rhétorique au lycée Hoche. 2⁰ édition revue. 1 fort volume in-16, broché. . . . **5 fr.**
    Cartonné toile. **5 fr. 50**

Histoire de la littérature française depuis ses origines jusqu'à nos jours, par M. Demogeot. 1 vol. in-16, broché. . . . . . **4 fr.**

Histoire de la littérature grecque, par M. Alexis Pierron. 1 vol. in-16, broché. **4 fr.**

Histoire de la littérature romaine, par M. Pierron. 1 vol. in-16, broché. . . . . **4 fr.**

HISTOIRE ET GÉOGRAPHIE

Histoire de l'Europe, et particulièrement de la France, de 1610 à 1789, par M. Duruy. Nouvelle édition entièrement refondue sous la direction de M. Lavisse, par M. Lacour-Gayet, professeur au lycée Saint-Louis. 1 vol. in-16, cart. toile. . . . **5 fr.**

Géographie de la France, par M. Cortambert; nouvelle édition refondue (classe de rhétorique). 1 volume in-16, cart. . **3 fr. 50**
    Atlas correspondant (18 cartes). . . . . **3 fr. 50**

Géographie de la France, conforme aux programmes de 1890 pour la classe de rhétorique, par MM. Schrader et Gallouédec, professeur agrégé au lycée d'Orléans, 3⁰ édition avec un index alphabétique de tous les noms cités. 1 vol. in-16, avec de nombreuses cartes en couleurs et en noir, cartonné. . . . . **3 fr. 50**

Atlas correspondant, par MM. Schrader, Prudent et Anthoine. 11 cartes in-folio, cartonné. . . . . **5 fr.**

Imprimerie LAHURE, rue de Fleurus, 9, à Paris. — 1-93.

CLASSIQUES GRECS

8-98.

* 9 7 8 2 0 1 2 7 5 1 9 1 0 *